章太炎讲述系列

章太炎讲诸子

孟琢——编

U0107331

上海人民出版社

目 录

导　　读

　　诸子学的蓬勃兴起，是中国传统学术现代转型中的独特风景。清代中后期以来，对诸子文献的训诂笺注不断涌现，出现了对《荀子》《墨子》《庄子》等子学经典的重要注释。这一变化延续了乾嘉学术的内在逻辑——随着经学研究的不断完备，子学文献为考据学提供了新的"用武之地"。清末诸子学在整体上并未跨出考据学的研究范围，与此相比，章太炎先生的诸子学则体现出本质性的学术突破。一方面，他的诸子学源自清代朴学，在《膏兰室札记》《庄子解故》等著作中的诸子文献训诂，充分继承了清代朴学的方法与理路，体现出曲园老人的鲜明影响。一方面，他的诸子学全面突破了清人的学术畛域，由文献考据走向了思想史的整体梳理与中国哲学的自主建立，蕴含着中国文化现代转型的积极关切，与西方思想进行了积极的对话与碰撞。可以说，通过对清代朴学的勇猛突破，章太炎的诸子学走向了更广阔的学术格局与更深邃的思想深度，成为了他思想世界的关键组成，写下了中国学术现代转型中精彩夺目的一笔。

　　对诸子学的研究贯穿了章太炎学术生涯的全部历程。在他早期的训诂考证中，便体现出对诸子文献的精熟，并积极援引西学资源与诸子思想进行会通；其后更经历了"由荀入庄"与"由庄返儒"的整体发展，在《訄书》《齐物论释》《菿汉微言》等著作中体现出清晰的演变轨迹；至其晚年，仍以诸子之学教导"章氏国学讲习会"诸生，对先秦诸子的理解亦有所发展。概言之，章太炎的诸子学体现为三个层面：其一，对诸子文献的训诂考证。以《膏兰室札记》和《庄子解故》中的相关考证为代表，属于传统"小学"范围。其二，对诸子思想的脉络梳理。包括《论诸子学》《论诸子的大概》《哲学的派别》《诸子略说》等国学演讲，以及《訄书》《国故论衡》中的相关篇目，属于思想史与学术史的范围。其三，对诸子思想的创造性阐发。以《齐物论释》贯通庄佛的思想建构为典型，也包括《国故论衡》《菿汉微言》中的相关论述，属于中国哲学的范围。我们看到，章太炎的诸子学博大精深，体现出"由小学到哲学"的整体格局，既注重文本与思想的历史还原，更开启了独立的思想创新之路。我们把握章太炎诸子学的学术内涵与思想特点，也要在这三个层面的发展与关联中不断展开。

首先，章太炎的先秦诸子研究建立在扎实的文献实证之上，将字词训诂作为义理阐发的基础，体现出以"小学"为本位的学术底色。以《齐物论》中"道恶乎隐而有真伪？言恶乎隐而有是非"一语为例，旧说多释"隐"为"隐蔽、遮蔽"，章太炎则运用"因声求义"之法，读"隐"为"㕤"。《庄子解故》："隐借为㕤。《说文》：'㕤，所依据也。'隐几亦即据几。此言道何所依据而有真伪，言何所依据而有是非。答言：真伪依据小成而起，是非依据荣华而起，明真伪是非，惟从势利为准，本无正则也。"除此之外，《文始》与《齐物论释》中亦有此解：

　　《说文》："乚，匿也。象迡曲隐蔽形。"变易为隐，蔽也。乚蔽必有所依，故孳乳为㕤，所依据也。言隐几者，㕤之声借。对转脂变易为依,倚也。凡所依据者,在室则为檼,栋也。在器则为案,几属也。在马则为鞍,马鞁具也。此二皆在寒,雪之旁转孳乳也。(《文始》)

隐读如隐几之隐,字正作㥯,"所依据也"。道何所依据而有真伪,言何所依据而有是非,向无定轨,唯心所取。(《齐物论释》)

章太炎将清儒的"因声求义"之法拓展为汉语词源的整体考察,通过"小学"考证展现出"隐"的词义系统,把《齐物论》之"隐"解释为"依据"之义,进而阐发庄子之义理。在他看来,庄子探讨的不仅是语言真实性的障蔽问题,更深入思考了语言所依据的根本前提,由此对其进行彻底的哲学反思。这一学术路径是章太炎对乾嘉之学的发扬,他超越了道咸以来琐碎考证的末流风气,接续并发展了戴震"训诂通义理"的学术理想,将传统"小学"推向了一个更高的境界。

其次,在"小学"考证的同时,章太炎的诸子学更体现为对先秦诸子思想的辨析、判摄与贯通,体现出"辨章学术,考镜源流"的自觉意识。在他对诸子的梳理中,蕴含着现代意义上的思想史意识,既探其源,亦考其流;既辨其分,亦统其合。自其源流而言,章太炎不仅考察先秦诸子的思想,还以诸子为源头对中国思想史进行"溯源讨流"式的理解。特别是针对儒家、道家、法家等影响深远的思想流派,高度注重其思想的传承、演化与流弊,体现出深刻的历史意识。自其分合而言,章太炎对先秦诸子之间进行了清晰的对比与判摄,沟通其文化渊源,辨析其思想差异,得出了一系列精彩的见解。以孟荀异同为例,对于先秦哲学中这一重要命题,章太炎指出:

　　荀子和孟子虽是都称儒家，而两人学问底来源大不同。荀子是精于制度典章之学，所以"隆礼仪而杀《诗》《书》"，他书中底《王制》《礼论》《乐论》等篇，可推独步。孟子通古今，长于《诗》《书》，而于礼甚疏。他讲王政，讲来讲去，只有"五亩之宅，树之以桑；鸡豚狗彘之畜，无失其时；百亩之田，勿夺其时"等话，简陋不堪，那能及荀子的博大！但孟子讲《诗》《书》，的确好极，他底小学也很精，他所说"庠者，养也；洚水者，洪水也；畜君者，好君也"等等，真可冠绝当代！由他们两人根本学问底不同，所以产生"性善""性恶"两大反对的主张。在荀子主礼仪，礼仪多由人为的，因此说人性本恶，经了人为，乃走上善的路。在孟子是主《诗》《书》，《诗》是陶淑性情的，《书》是养成才气的，感情和才气都自天然，所以认定人性本善的。两家底高下，原难以判定。韩退之以大醇小疵定之，可谓鄙陋之见。实在汉代治儒家之学，没有能及荀、孟两家了。（《国学概论·哲学的派别》）

孟子主张性善论，荀子主张性恶论，如何理解二者之间的思想差异？历代学者说各不同。章太炎上溯其源，从他们不同的经学背景进行理解——孟子长于《诗》《书》，《诗》《书》以涵养性情为主，故主张人性本善，其于礼乐之道则不免粗疏；荀子长于礼仪，礼仪以防闲规范为要，故主张人性本恶，其于典章制度则独步天下。这一理解方式不仅辨析了孟荀异同，更将经学与子学充分统合，可谓探本知要！在章太炎的诸子学论著中，类似的精彩之见层出不穷，为中国近代以来的思想史研究提供了丰富启示。

最后，章太炎的诸子学不仅是"小学"与史学意义上的还原，更体现为哲学层面的思想创发，充满"自立吾理"的学术自信。在以《齐物论释》为中心的齐物哲学中，对庄子思想进行了创造性阐释，既与"逍遥齐物"的庄学底色相契，更在唯识、华严的义理贯通中建立起以"自由平等"为价值基础的哲学体系。这一体系显然不止于对《庄子》的历史解读，更多体现出章太炎自身的哲学建构。在《菿汉微言》等著作中，章太炎用齐物哲学对儒学传统加以判摄，建立起更为宏大的思想体系。齐物哲学赅括真俗二谛，在真谛层面，它突破了中国哲学的传统畛域，通过佛道思想的融合拓展经学、儒学的思想内涵，立足深刻的形而上学思考建立现代意义上的普遍性价值基础。在俗谛层面，齐物哲学具有"反封反帝"的双重指向。一方面，章太炎把自由平等作为中国传统文化的核心价值，勇猛冲击着腐朽的封建专制与等级文化；一方面，齐物哲学蕴含着对西方文化的批判性反思，章太炎以理性主义的排遣为枢纽，全面批判了西方文化中的目的论、进化论、文明论与神学倾向，体现出对帝国主义文化殖民与"自我东方主义"的高度警觉。他在《五无论》中说道："然始创自由平等于己国之人，即实施最不自由平等于他国之人。在有政府界中言之，今法人之于越南，生则有税，死则有税，气食有税，清厕有税；毁谤者杀，越境者杀，集会者杀，其酷虐为旷古所未有。此法兰西，非始创自由平等之法兰西耶？"这一沉痛的历史叩问，是令人深省的。

《齐物论释》彰显出章太炎深沉的现实关怀，事实上，这是理解章太炎诸子学的核心视域。在《论诸子学》中，他强调中国学术的弊端"不在支离，而在汗漫"，重在不同思想之间的援引调和，缺乏独立不倚、坚持己说的品质。先秦诸子则与之不同，"惟周秦诸子，推迹古初，承受师法，各为独立，无援引攀附之事，虽同在一家者，犹且矜己自贵，不相通融。"这种独立自由的学术精神，是中国学术现代建立的必备品质。他批评儒家思想的弊端"在以富贵利禄为心"，虽不免措辞过激，亦蕴含着对"革命道德"的积极呼吁。在《中国文化的根源和近代学问的发达》中，更将诸子与宗教相较：

> 大概中国几家讲哲理的，意见虽各有不同，总是和宗教相远，就有几家近宗教的，后来也必定把宗教话打洗净了，总不出老子划定的圈子。这个原是要使民智，不是要使民愚。但最要紧的是名家，没有名家，一切哲理都难得发挥尽致。（《中国文化的根源和近代学问的发达》）

先秦诸子的基本共性在于开启民智，这与宗教愚民具有本质区别，其中，名辩之学更是现代学术得以建立的基础。这种纵览古今、开启未来的人文追求，更体现出章太炎诸子学的宏阔格局。

面对这一丰厚的学术遗产，我们应当如何契入？自阅读次第而言，可以先从《论诸子学》《国学概论·哲学的派别》《诸子略说》三篇讲稿读起。章太炎的国学讲演带有"学术普及"的特点，语言简洁晓畅、内容清晰条辨，学术个性鲜明，是走进章太炎诸子学的入门根基。在此基础上，可以根据章太炎学术思想的不同阶段，阅读《訄书》《国故论衡》《齐物论释》《菿汉微言》中的相关篇目，既可把握其对诸子思想的认识发展，更能看到他借先秦诸子以自抒胸臆、建立哲学体系的思想探求。最后，在《太炎文录初编》《太炎文录续编》和相关通信中，亦有关于先秦诸子的专题讨论，可以丰富对章太炎诸子学的认识。这一阅读次第体现在本书的编纂思路中，我们首先选取章太炎关于诸子的重要演讲，进而根据其著述次第，摘取相关著作中对诸子学的经典论述，最后选入了一些他关于诸子学的文章、通信。这一选编思路，正是为了便于读者循序渐进的阅读与思考。

论诸子学

上来既讲文学，今就学说中诸子一类，为诸君言其概略。

所谓诸子学者，非专限于周秦，后代诸家，亦得列入，而必以周秦为主。盖中国学说，其病多在汗漫。春秋以上，学说未兴，汉武以

孔子像

后，定一尊于孔子，虽欲放言高论，犹必以无碍孔氏为宗。强相援引，妄为皮傅，愈调和者愈失其本真，愈附会者愈违其解故。故中国之学，其失不在支离，而在汗漫。自宋以后，理学肇兴。明世推崇朱氏，过于素王。阳明起而相抗，其言致良知也，犹云朱子晚年定论。孙奇逢辈遂以调和朱、陆为能，此皆汗漫之失也。

惟周秦诸子，推迹古初，承受师法，各为独立，无援引攀附之事，虽同在一家者，犹且矜己自贵，不相通融。故荀子非十二子，子思、孟轲亦在其列。或云"子张氏之贱儒"、"子游氏之贱儒"、"子夏氏之贱儒"，诟訾嘲弄，无所假借。《韩非子·显学》篇云："世之显学，儒墨也。儒之所至，孔丘也。墨之所至，墨翟也。自孔子之死也，有子张之儒，有子思之儒，有颜氏之儒，有孟氏之儒，有漆雕氏之儒，有仲良氏之儒，有孙氏之儒，有乐正氏之儒。自墨子之死也，有相里氏之墨，有相夫氏之墨，有邓陵氏之墨。故孔、墨之后，儒分为八，墨离为三，取舍相反不同，而皆自为真。孔、墨不可复生，谁使定世之学乎！"此可见当时学者，惟以师说为宗，小有异同，便不相附，非如后人之忌狭隘，喜宽容，恶门户，矜旷观也。益观调和独立之殊，而知古今学者远不相及。佛家有言，何等名为所熏？"若法平等，无所违逆，能容习气，乃是所熏。此遮善染，势力强盛，无所容纳，故非所熏。""若法自在，性非坚密，能受习气，乃是所熏。此遮心所及无为法，依他坚密，故非所熏。"（见《成唯识论》）此可见古学之独立者，由其持论强盛，义证坚密，故不受外熏也。或曰，党同门而妒道真者，刘子骏之所恶，以此相责，得无失言？答曰：此说经与诸子之异也。说经之学，所谓疏证，惟是考其典章制度与其事迹而已，其是非且勿论也。欲考索者，则不得不博览传记。而汉世太常诸生，唯守一家之说，不知今之经典，古之官书，其用在考迹异同，而不在寻求义理。故孔子删定六经，与太史公、班孟坚辈，初无高下。其书既为记事之书，其学惟为客观之学，党同妬真，则客观之学必不能就，此刘子骏所以移书匡正也。若诸子则不然。彼所学者，主观之学，要在寻求义理，不在考迹异同。既立一宗，则必自坚其说。一切载籍，可以供我之用，非束书不观也。虽异己者，亦必睹其籍。知其义趣，惟往复辩论，不稍假借而已。是故言诸子必以周、秦为主。

古之学者，多出王官。世卿用事之时，百姓当家，则务农商畜牧，无所谓学问也。其欲学者，不得不给事官府，为之胥徒，或乃供洒扫为仆役焉。故《曲礼》云："宦学事师。""学"字本或作"御"。所谓宦者，谓为其宦寺也。所谓御者，谓为其仆御也。故事师者，以洒扫进退为职，而后车从者，才比于执鞭拊马之徒。观春秋时，世卿皆称夫子。夫子者，犹今言老爷耳。孔子为鲁大夫，故其徒尊曰"夫子"，犹是主仆相对之称也。《说文》云："仕，学也。""仕"何以得训为"学"？所谓宦于大夫，犹今之学习行走尔。是故非仕无学、非学无仕，二者是一而非二也（"学优则仕"之言，出于子夏。子夏为魏文侯师。当战国时，仕学分途久矣，非古义也）。秦丞相李斯议曰："若欲有学法令，以吏为师。"亦犹行古之道也。惟其学在王官，官宿其业，传之子孙，故谓之畴人子弟（见《史记·历书》）。畴者，类也。《汉律》"年二十三傅之畴官，各从其父学"，此之谓也（近世阮元作《畴人传》，以畴人为明算之称，非也）。其后有儒家、墨家诸称。《荀子·大略》篇云："此家言邪学，所以恶儒者。"当时学术相传，在其子弟，而犹称为家者，亦仍古者畴官世业之名耳。《史记》

称老聃为柱下史，庄子称老聃为征藏史，道家固出于史官矣。孔子问礼老聃，卒以删定六艺，而儒家亦自此萌芽。墨家先有史佚，为成王师，其后墨翟亦受学于史角。阴阳家者，其所掌为文史星历之事，则《左氏》所载瞽史之徒，能知天道者是也。其他虽无征验，而大抵出于王官。是故《汉·艺文志》论之曰：

> 儒家者流，盖出于司徒之官。道家者流，盖出于史官。阴阳家者流，盖出于羲和之官。法家者流，盖出于理官。名家者流，盖出于礼官。墨家者流，盖出于清庙之守。纵横家者流，盖出于行人之官。杂家者流，盖出于议官。农家者流，盖出于农稷之官。小说家者流，盖出于稗官。

此诸子出于王官之证。惟其各为一官，守法奉职，故彼此不必相通。《庄子·天下》篇云："譬如耳目鼻口，皆有所明，不能相通"是也。

孔子圣迹图（部分），孔子博物馆藏

亦有兼学二术者，如儒家多兼纵横，法家多兼名，此表里一体，互为经纬者也。若告子之兼学儒墨，则见讥于孟氏。而墨子亦谓告子为仁，譬犹跂以为长，隐以为广，其弟子请墨子弃之（见《墨子·公孟》篇）。进退失据，两无所容，此可为调和者之戒矣。

今略论各家如左。

一论儒家。《周礼·太宰》言"儒以道得民"，是儒之得称久矣。司徒之官，专主教化，所谓三物化民。三物者，六德、六行、六艺之谓。是故孔子博学多能，而教人以忠恕。虽然，有商订历史之孔子，

孟子像

则删定《六经》是也；有从事教育之孔子，则《论语》《孝经》是也。由前之道，其流为经师；由后之道，其流为儒家。《汉书》以周、秦、汉初诸经学家录入《儒林传》中，以《论语》《孝经》诸书录入《六艺略》中，此由汉世专重经术，而儒家之荀卿，又为《左氏》《穀梁》《毛诗》之祖。此所以不别经、儒也。若在周、秦，则固有别。且如儒家巨子，李克、宧越、孟子、荀卿、鲁仲连辈，皆为当世显人。而《儒林传》所述传经之士，大都载籍无闻，莫详行事。盖儒生以致用为功，经师以求是为职。虽今文古文，所持有异，而在周、秦之际，通经致用之说未兴，惟欲保残守缺，以贻子孙，顾于世事无与。故荀卿讥之曰：鄙夫“好其实，不恤其文，是以终身不免捭污庸俗。故《易》曰‘括囊，无咎无誉’，腐儒之谓也”（见《非相》篇）。此云“腐儒”，即指当世之经师也。由今论之，则犹愈于汉世经师言“取青紫如拾芥”，较之战国儒家，亦为少愈，以其淡于荣利云尔。儒家之病，在以富贵利禄为心。盖孔子当春秋之季，世卿秉政，贤路壅塞，故其作《春秋》也，以非世卿见志（公羊家及左氏家张敞，皆有其说）。其教弟子也，惟欲成就吏材，可使从政。而世卿既难猝去，故但欲假借事权，便其行事。是故终身志望，不敢妄希帝王，惟以王佐自拟。观荀卿《儒效》篇云：“大儒者，天子三公也（杨《注》：其才堪王者之佐也）。小儒者，诸侯大夫士也。众人者，工农商贾也。”是则大儒之用，无过三公，其志亦云卑矣。孔子之讥丈人，谓之“不仕无义”。孟子、荀卿皆讥陈仲，一则以为无亲戚、君臣、上下，一则以为“盗名不如盗货”（见《荀子·不苟》篇）。而荀子复述太公诛华仕事（见《宥坐》篇），由其不臣天子，不友诸侯（见《韩非子·外储说右上》）。是儒家之湛心荣利，较然可知。所以者何？苦心力学，约处穷身，心求得饐，而后意歉，故曰"沽之哉，沽之哉！"不沽，则吾道穷矣。《艺文志》说儒家云："辟者随时抑扬，违离道本，苟以哗众取宠。"不知哗众取宠，非始辟儒，即孔子固已如是。庄周述盗跖之言曰："鲁国巧伪人孔丘，不耕而食，不织而衣，摇唇鼓舌，擅生是非，以迷天下之主。使天下学士，不反其本，妄作孝弟，而徼幸于封侯富贵者也。"此犹曰道家诋毁之言也，而微生亩与孔子同时，已讥其佞，则儒者之真可见矣。孔子干七十二君，已开游说之端，其后儒家率多兼纵横者。（见下）其自为说曰："无可无不可。"又曰："可与立，未可与权。"又曰："君子之中庸也，君子而时中。"孟子曰："孔子，圣之时者也。"荀子曰："君子时绌则绌，时伸而伸也。"（见《仲尼》篇）然则孔子之教，惟在趋时，其行义从时而变，故曰"言不必信，行不必果"。如《墨子·非儒》下篇讥孔子曰：

> 孔丘穷于陈、蔡之间，藜羹不糁十日，子路为享豚，孔子不问肉之所由来而食。裸人衣以酤酒，孔丘不问酒之所由来而饮。哀公迎孔丘，席不端弗坐，割不正弗食。子路进请曰："何其与陈、蔡反也？"孔子曰："来！吾语汝。曩与汝为苟生，今与汝为苟义。"夫饥约则不辞妄取以活身，赢饱伪行以自饰，污邪诈伪，孰大于此！

其诈伪既如此，及其对微生亩也，则又以疾固自文，此犹叔孙通对鲁两生曰"若真鄙儒，不知时变"也。所谓中庸，实无异于乡愿。彼以乡愿为贼而讥之。夫一乡皆称愿人，此犹没身里巷，不求仕宦者也。若夫"逢衣浅带，矫言伪行，以迷惑天下之主"，则一国皆称愿人。

所谓中庸者，是国愿也，有甚于乡愿者也。孔子讥乡愿，而不讥国愿，其湛心利禄又可知也。君子"时中"，时伸时绌，故道德不必求其是，理想亦不必求其是，惟期便于行事则可矣。用儒家之道德，故艰苦卓厉者绝无，而冒没奔竞者皆是。俗谚有云："书中自有千钟粟。"此儒家必至之弊。贯于征辟、科举、学校之世，而无乎不遍者也。用儒家之理想，故宗旨多在可否之间，论议止于函胡之地。彼耶苏教、天方教，崇奉一尊，其害在堵塞人之思想。而儒术之害，则在殽乱人之思想。此程、朱、陆、王诸家，所以有权而无实也。虽然，孔氏之功则有矣。变禨祥神怪之说而务人事，变畴人世官之学而及平民，此其功亦复绝千古。二千年来，此事已属过去，独其热中竞进在耳。

次论道家。道家老子，本是史官，知成败祸福之事，悉在人谋，故能排斥鬼神，为儒家之先导（道家如老、庄辈，皆无崇信鬼神之事，列子稍近神仙，亦非如汉世方士所为也）。《老子》"谷神不死，是谓玄牝"等语，未知何指。道士依傍其说，推为教祖，实于老子无与。亦以怵于利害，胆为之怯，故事事以卑弱自持。所云"无为权首，将受其咎"，"人皆取先，己独取后"者，实以表其胆怯之征。盖前世伊尹、太公之属（《汉·艺文志》道家有《伊尹》五十一篇，《太公》二百三十七篇），皆为辅佐，不为帝王。学老氏之术者，周时有范蠡，汉初有张良，其位置亦相类，皆惕然于权首之戒者也。孔子受学老聃，故儒家所希，祇在王佐，可谓不背其师说矣。老子非特不敢为帝王，亦不敢为教主，故云"强梁者不得其死，吾将以为教父"。大抵为教主者，无不强梁，如释迦以勇猛无畏为宗，尊曰"大雄"，亦曰"调御"；而耶苏、穆罕默德辈，或称帝子，或言天使，遇事奋迅，有慭不畏死之风，此皆强梁之最也。老子胆怯，自知不堪此任，

老子授经图卷（部分），北京故宫博物院藏

故云"人之所教，我亦教之"，如是而已。然天下惟胆怯者权术亦多，盖力不能取，而以智取，此事势之必然也。老子云"道法自然"。太史论老、庄诸子，以为"归于自然"。自然者，道家之第一义谛。由其博览史事，而知生存竞争，自然进化，故一切以放任为主。虽然，亦知放任之不可久也。群龙无首，必有以提倡之，又不敢以权首自居。是故去力任智，以诈取人，使彼乐于从我。故曰："善为道者，非以明民，将以愚之"；"弱之胜强，柔之胜刚，天下莫不知"老氏学术，尽于此矣。虽然，老子以其权术授之孔子，而征藏故书，亦悉为孔子诈取。孔子之权术，乃有过于老者。孔学本出于老，以儒道之形式有异，不欲崇奉以为本师（亦如二程子之学本出濂溪，其后反对佛、老，故不称周先生，直称周茂叔而已。东原之学本出婺原，其后反对朱子，故不称江先生，直称吾郡老儒江慎修而已），而惧老子发其覆也，于是说老子曰："乌鹊孺，鱼傅沫，细要者化，有弟而兄啼。"（见《庄子·天运》篇。意谓己述六经，学皆出于老，吾书先成，子名将夺，无可如何也）老子胆怯，不得不曲从其请。逢蒙杀羿之事，又其素所怵惕也。胸有不平，欲一举发，而孔氏之徒，遍布东夏，吾言朝出，首领可以夕断。于是西出函谷，知秦地之无儒，而孔氏之无如我何，则始著《道德经》以发其覆。藉令其书早出，则老子必不免于杀身。如少正卯在鲁，与孔子并，孔子之门"三盈三虚"（见《论衡·讲瑞》篇），犹以争名致戮，而况老子之陵驾其上者乎？呜呼！观其师徒之际，忌刻如此，则其心术可知，其流毒之中人，亦可知已。庄子晚出，其气独高，不惮抨弹前哲。愤奔走游说之风，故作《让王》以正之；恶智力取攻之事，故作《胠箧》以绝之。其术似与老子相同，其说乃与老子绝异。故《天下》篇历叙诸家，已与关尹、老聃裂分为二。其褒之以"至极",尊之以"博大真人"者,以其自然之说,为己所取法也。其裂分为二者,不欲以老子之权术自污也。或谓子夏传田子方,田子方传庄氏,是故庄子之学,本出儒家。其说非是。庄子所述,如庚桑楚、徐无鬼、则阳之徒多矣,岂独一田子方耶?以其推重子方,遂谓其学所出必在于是,则徐无鬼亦庄子之师耶?南郭子綦之说,为庄子所呕称,彼亦庄子师耶?

次论墨家。墨家者,古宗教家,与孔、老绝殊者也。儒家公孟言"无鬼神"(见《墨子·公孟》篇)。道家老子言"以道莅天下,其鬼不神",是故儒、道皆无宗教。儒家后有董仲舒,明求雨禳灾之术,似为宗教。道家则由方士妄托,为近世之道家,皆非其本旨也。惟墨家出于清庙之守,故有《明鬼》三篇,而论道必归于天志,此乃所谓宗教矣。兼爱、尚同之说,为孟子所非;非乐、节葬之义,为荀卿所驳。其实墨之异儒者,并不止此。盖非命之说,为墨家所独胜。儒家、道家,皆言有命,其善于持论者,神怪妖诬之事,一切可以摧陷廓清,惟命则不能破。如《论衡》有《命禄》《气寿》《幸遇》《命义》等篇是也。其《命义》篇举儒、墨对辩之言曰:

> 墨家之论,以为人死无命。儒家之议,以为人死有命。言有命者,见子夏言"死生有命,富贵在天"。言无命者,闻历阳之都,一宿沈而为湖。秦将白起,坑赵降卒于长平之下,四十万家同时皆死。春秋之时,败绩之军,死者数万,尸且万数,饥馑之岁,饿者满道,温气疫疠,千户灭门。如必有命,何其秦、齐同也?言有命者曰:夫天下之大,人民之众,一历阳之都,一长平之坑,同命俱死,未可怪也。命当溺死,故相聚于历阳;命当压

死，故相积于长平。犹高祖初起，相工入丰、沛之邦，多封侯之人矣，未必老少男女俱贵而有相也。卓跞时见，往往皆然，而历阳之都，男女俱没，长平之坑，老少并陷，万数之中，必有长命未当死之人，遭时衰微，兵革并起，不得终其寿。人命有长短，时有盛衰，衰则疾病，被灾、蒙祸之验也。宋、卫、陈、郑，同日并灾，四国之人，必有禄盛未当衰之人，然而俱灾，国祸临之也。故国命胜人命，寿命胜禄命。

凡言禄命而能成理者，以此为胜。虽然，命者孰为之乎？命字之本，固谓天命。儒者既斥鬼神，则天命亦无可立。若谓自然之数，数由谁设？更不得其征矣。然墨子之非命，亦仅持之有故，未能言之成理也。特以有命之说，使其偷惰，故欲绝其端耳。其《非命》下篇曰："今天下之君子之为文学出言谈也，非将勤能其颊舌，而利其唇吻也，中实将欲其国家邑里万民刑政者也。今王公大臣若信有命而致行之，则必怠乎听狱治政矣，卿大夫必怠乎治官府矣，农夫必怠乎耕稼树艺矣，妇人必怠乎纺绩织纴矣。"是故非命者，不必求其原理，特谓于事有害而已。夫儒家不信鬼神，而言有命；墨家尊信鬼神，而言无命。此似自相刺缪者。不知墨子之非命，正以成立宗教。彼之尊天右鬼者，谓其能福善祸淫耳。若言有命，则天鬼为无权矣，卒之盗跖寿终、伯夷饿夭，墨子之说，其不应者甚多，此其宗教所以不能传久也。又凡建立宗教者，必以音乐庄严之具感触人心，使之不厌。而墨子贵俭非乐，故其教不能逾二百岁（秦、汉已无墨者）。虽然，墨子之学，诚有不逮孔、老者，其道德则非孔、老所敢窥视也。

次论阴阳家。阴阳家亦属宗教，而与墨子有殊观。《墨子·贵义》

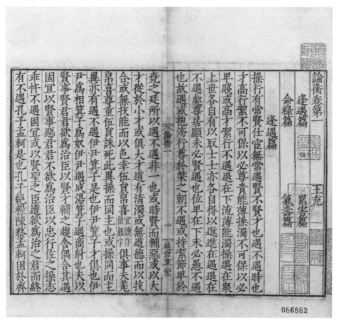

《论衡》

篇云:"子墨子北之齐,遇日者。日者曰:'帝以今日杀墨龙于北方,而先生之色黑,不可以北。'子墨子不听,遂北,至淄水,不遂而返焉。日者曰:'我谓先生不可以北!'子墨子曰:'南人不得北,北人不得南,其色有黑者有白者,何故皆不遂也?且帝以甲乙杀青龙于东方,以丙丁杀赤龙于南方,以庚辛杀白龙于西方,以壬癸杀黑龙于北方,以戊己杀黄龙于中方。若用子之言,则是禁天下之行者'。"盖墨家言宗教,以善恶为祸福之标准;阴阳家言宗教,以趋避为祸福之标准。此其所以异也。或疑《七略》以阴阳家录入诸子,而数术自为一略,二者何以相异?答曰:以今论之,实无所异,但其理有浅深耳。盖数术诸家,皆繁碎占验之辞,而阴阳家则自有理论,如《邹子》四十九篇,《邹子终始》五十六篇,《邹奭子》十二篇。观《史记·孟荀列传》所述,邹衍之说,穷高极深,非专术家之事矣。《南公》三十六篇,即言"楚虽三户,亡秦必楚"者,是为豫言之图谶,亦与常占有异。如扬雄之《太玄》、司马光之《潜虚》、邵雍之《皇极经世》、黄道周之《三易洞玑》,皆应在阴阳家,而不应在儒家六艺家,此与蓍龟形法之属,高下固殊绝矣。

次论纵横家。纵横家之得名,因于纵人横人,以六国抗秦为纵,以秦制六国为横,其名实不通于异时异处。《汉志》所录,汉有《蒯子》五篇、《邹阳》七篇。蒯劝韩信以三分天下鼎足而居,邹阳仕梁,值吴楚昌狂之世,其书入于纵横家,亦其所也。其他秦《零陵令信》一篇,《主父偃》二十八篇、《徐乐》一篇、《庄安》一篇、《待诏金马聊苍》一篇,身仕王朝,复何纵横之有?然则纵横者,游说之异名,非独外交颛对之事也。儒家者流,热中趋利,故未有不兼纵横者。如《墨子·非儒》下篇记孔子事,足以明之:

> 孔子之齐,见景公。景公欲封之以尼谿。晏子曰:"不可。"于是厚其礼,留其封,数见而不问其道。孔乃恚怒于景公与晏子,乃树鸱夷子皮于田常之门,告南郭惠子以所欲焉。归于鲁。有顷间,齐将伐鲁。告子贡曰:"赐乎,举大事于今之时矣。"乃遣子贡之齐,因南郭惠子以见田常,劝之伐吴,以教高、国、鲍、晏,使毋得害田常之乱。

《越绝书·内传·陈成恒》篇亦记此事云:"子贡一出,存鲁、乱齐、破吴、强晋、霸越。"是则田常弑君,实孔子为之主谋,沐浴请讨之事，明知哀公不听，特借此以自文，此为诈谖之尤矣。便辞利口，覆邦乱家，非孔子、子贡为之倡耶？《庄子·胠箧》云："田成子一旦杀齐君而盗其国，所盗者岂独其国耶？并举其圣知之法而盗之。"故"窃钩者死，窃国者为诸侯。诸侯之门，而仁义存焉。"此即切齿腐心于孔子之事也。自尔以来，儒家不兼纵横，则不能取富贵。余观《汉志》儒家所列，有《鲁仲连子》十四篇、《平原君》七篇、《陆贾》二十三篇、《刘敬》三篇、《终军》八篇、《吾丘寿王》六篇、《庄助》四篇。此外则有郦生，汉初谒者，称为大儒，而其人皆善纵横之术。其关于内事者，则刘敬请都关中是也。吾丘寿王在武帝前，"智略辐凑"，传中不言其事，寿王既与主父偃、徐乐、庄助同传，其行事宜相似。而平原老朱建者，则为辟阳侯审食其事，游说嬖人，其所为愈卑鄙矣。纵横之术，不用于国家，则用于私人，而持书求荐者，又其末流。曹丘通谒于季布，楼护传食于五侯。降及唐世，韩愈以儒者得名，亦数数腾言当道，求为援手。乃知儒与纵横相为表里，犹手足之相支、毛革之相附也。宋儒稍能自重。降及晚明，何心隐辈又以此术自豪。及满洲而称理学者，无不习捭阖、知避就矣。孔子称"达者察言观色，虑以下人"，"闻者色取行违，居之不疑"。由今观之，则闻者与纵横稍远，而达者与纵横最近，达固无以愈于闻也。程、朱末流，惟是闻者；陆、王末流，惟是达者。至于今日，所谓名臣大儒，则闻达兼之矣。若夫纵人横人之事，则秦皇一统而后，业已灭绝。故《隋书·经籍志》中，惟存《鬼谷》三卷，而梁元帝所著《补阙子》与《湘东鸿烈》二书，不知其何所指也。

　　次论法家。法家者，略有二种，其一为"术"，其二为"法"。《韩非子·定法》篇曰："申不害言术，而公孙鞅为法。术者，因任而授官，循名而责实，操杀生之柄，课群臣之能者也。此人主之所执也。法者，宪令著于官府，刑罚必于民心，赏存乎慎法，而罚加乎奸令者也，此臣之所师也。"然为术者，则与道家相近；为法者，则与道家相反。《庄子·天下》篇说慎到之术曰："椎拍輐断，与物宛转"，"推而后行，曳而后往。若飘风之还，若羽之旋，若磨石之隧。全而无非，动静无过，未尝有罪。"此老子所谓"圣人无常心，以百姓为心"也。此为术者与道家相近也。老子言"民不畏死，奈何以死惧之？"太史公《酷吏列传》亦引"法令滋章，盗贼多有"之说，而云"法令者，治之具，而非制治清浊之源"。此为法者与道家相反也。亦有兼任术法者，则管子、韩非是也。《汉志》，《管子》列于道家，其《心术》《白心》《内业》诸篇，皆其术也；《任法》《法禁》《重令》诸篇，皆其法也。韩非亦然，《解老》《喻老》，本为道家学说，少尝学

司马迁像

武侯高卧图卷，北京故宫博物院藏

于荀卿，荀卿隆礼义而杀《诗》《书》。经礼三百，固周之大法也。韩非合此二家，以成一家之说，亦与管子相类（惟《管子·幼官》诸篇尚兼阴阳，而韩非无此者，则以时代不同也）。后此者惟诸葛亮专任法律，与商君为同类，故先主遗诏，令其子读《商君书》（见裴松之《三国志注》引《诸葛亮集》），知其君臣相合也。其后周之苏绰，唐之宋璟，庶几承其风烈。然凡法家必与儒家、纵横家反对，惟荀卿以儒家大师，而法家韩、李为其弟子，则以荀卿本意在杀《诗》《书》，固与他儒有别。韩非以法家而作《说难》，由其急于存韩，故不得不兼纵横耳。其他则与儒家纵横家，未有不反唇相稽者。《商君·外内》篇曰："奚谓淫道，为辩知者贵，游宦者任。文学私名显之谓也。"此兼拒儒与纵横之说也。《靳令》篇曰："六虱：曰礼乐，曰诗书，曰修善，曰孝弟，曰诚信，曰贞廉，曰仁义，曰非兵，曰羞战。"此专拒儒家之说也。《韩非·诡使》篇曰："守度奉量之士，欲以忠婴上而不得见，巧言利群，行奸轨以幸偷世者数御。"《六反》篇曰："游居厚养，牟食之民也，而世尊之曰有能之士。曲语牟知，伪诈之民也，而世尊之曰辩智之士。"此拒纵横家之说也。《五蠹》篇曰："儒以文乱法，侠以武犯禁。"《显学》篇曰："藏书策，习谈论，聚徒役，服文学而议说，世主必从而礼之。""国平则养儒侠，难至则用介士。所养者非所用，所用者非所养，此所以乱也。"拒儒家之说也。《五蠹》篇曰："明主之国，无书简之文，以法为教；无先王之语，以吏为教。"此拒一切学者之说也。至汉公孙弘、董仲舒辈，本是经师，其时经师与儒已无分别。弘习文法吏事，而缘饰以儒术，仲舒为《春秋决狱》二百三十二事，以应廷尉张汤之问，儒家法家于此稍合。自是以后，则法家与纵横家为敌，严助、伍被皆纵横家，汉武欲薄其罪，张汤争而诛之。主父偃纵横家，汉武欲勿诛，公孙弘争而诛之。而边通学短长之术，亦卒潜杀张汤。诸葛治蜀，赏信必罚，彭羕、李严皆纵横之魁桀，故羕诛而严流。其于儒者，则稍稍优容之。盖时诎则诎，能俯首帖耳于法家之下也。然儒家、法家、纵横家，皆以仕宦荣利为心，惟法家执守稍严，临事有效。儒家于招选茂异之世，则习为纵横；于综核名实之世，则毗于法律。纵横是其本真，法律所素学。由是儒者自耻无用，则援引法家以为己有。南宋以后，尊诸葛为圣贤，亦可闵已。然至今日，则儒、法、纵横，殆将合而为一也。

次论名家。名家之说，关于礼制者，则所谓"刑名从商，爵名从周，文名从礼"也。《庄子·天下》篇云"《春秋》以道名分"，非特褒贬损益而已。《穀梁传》曰："陨石于宋五，先陨而后石，何也？陨而后石也。于宋四竟之内曰宋。后数，散辞也，耳治也。""六鹢退飞，记见也，视之则六，察之则鹢，徐而察之则退飞。"是关于"散名"者也。凡正名者，亦非一家之术，儒、道、墨、法，必兼是学，然后能立能破。故儒有《荀子·正名》，墨有《经说》上下，皆名家之真谛，散在余子者也。若惠施、公孙龙辈，专以名家著闻，而苟为鈲析者多，其术反同诡辩。故先举儒家《荀子·正名》之说，以征名号。其说曰：

何缘而以同异？曰：缘天官。凡同类同情者，其天官之意物也同；故比方之疑似而通。是所以共其约名以相期也。形体、色理，以目异；声音清浊、调竽奇声，以耳异；甘苦咸淡、辛酸奇味，以口异；香臭芬郁、腥臊洒酸奇臭，以鼻异；疾养沧热，滑铍轻重，以形体异。说故喜怒哀乐爱恶欲，以心异。心有征知。

征知，则缘耳而知声可也，缘目而知形可也，然而征知必将待天
官之当簿其类，然后可也。五官簿之而不知，心征之而无说，则
人莫不然，谓之不知，此所缘而以同异也。然后随而命之，同则
同之，异则异之；单足以喻则单，单不足以喻则兼；单与兼无所
相避则共，虽共不为害矣。故万物虽众，有时而欲遍举之，故谓
之物。物也者，大共名也。推而共之，共则又共，至于无共然后
止。有时而欲遍举之，故谓之鸟兽。鸟兽者，大别名也。推而别
之，别则又别，至于无别然后止。物有同状而异所者，有异状而
同所者，可别也。状同而为异所者，虽可合，谓之二实。状变而
实无别而为异者，谓之化。有化而无别，谓之一实。此事之所以
稽实定数也。此制名之枢要也。

按：此说同异何缘，曰缘天官。中土书籍少言缘者，故当征之佛书。
大凡一念所起，必有四缘：一曰因缘，识种是也；二曰所缘缘，尘境
是也；三曰增上缘，助伴是也；四曰等无间缘，前念是也。缘者是攀
附义。此云缘天官者：五官缘境，彼境是所缘缘；心缘五官见分，五
官见分是增上缘，故曰"缘耳而知声可也，缘目而知形可也"。五官
非心不能感境，故同时有五俱意识为五官作增上缘。心非五官不能征
知，故复藉五官见分为心作增上缘。五官感觉，惟是现量，故曰"五
官簿之而不知"。心能知觉，兼有非量比量，初知觉时，犹未安立名
言，故曰"心征之而无说"。征而无说，人谓其不知，于是名字生焉。
大抵起心分位，必更五级：其一曰作意，此能警心令起；二曰触，此
能令根（即五官）、境、识三合为一；三曰受，此能领纳顺违俱非境
相；四曰想，此能取境分齐；五曰思，此能取境本因。作意与触，今

称动向，受者今称感觉，想者今称知觉，思者今称考察。初起名字，惟由想成，所谓口呼意呼者也。继起名字，多由思成，所谓考呼者也。凡诸别想成，所谓口呼意呼者也。凡诸共名，起于概念，故由思位考呼而成。同状异所，如两马同状，而所据方分各异；异状同所，如壮老异状，而所据方分是同。不能以同状异所者，谓为一物，亦不能以异状同所者，谓为二物。然佛家说六种言论，有云众法聚集言论者，谓于色、香、味、触等事和合差别，建立宅、舍、瓶、衣、车、乘、军、林、树等种种言论。有云非常言论者，或由加行，谓于金段等起诸加行，造环钏等异庄严具，金段言舍，环钏言生。或由转变，谓饮食等于转变时，饮食言舍，便秽言生（见《瑜伽师地论》）。然则同状异所者，物虽异而名可同，聚集万人，则谓之师矣。异状同所者，物虽同而名可异，如卵变为鸡，则谓之鸡矣。《荀子》未言及此，亦其鉴有未周也。次举《墨经》以解因明，其说曰：

> "故，所得而后成也。"《经上》"小故，有之不必然，无之必不然。体也，若有端。大故，有之必无然。若见之成见也。体，若二之一，尺之端也。"《经说上》

《荀子》惟能制名，不及因明之术，要待《墨子》而后明之。何谓因明？谓以此因明彼宗旨。佛家因明之法，宗、因、喻三分为三支。于喻之中，又有同喻异喻。同喻异喻之上，各有合离之言词，名曰喻体。即此喻语，名曰喻依。如云：声是无常，宗，所作性故。因。凡所作者，皆是无常，同喻如瓶。凡非无常者，皆非所作，异喻如太空。喻。《墨子》之"故"，即彼之"因"，必得此因，而后成宗，故曰

"故，所得而后成也"。小故大故，皆简因喻过误之言。云何小故？谓以此大为小之"因"。盖凡"因"较宗之"后陈"，其量必减，如以所作成无常，而无常之中，有多分非所作者，若海市、电光，无常起灭，岂必皆是所作？然凡所作者，则无一不是无常。是故无常量宽，所作量狭。今此同喻合词。若云凡无常者，皆是所作，则有"倒合"之过，故曰"有之不必然"。谓有无常者，不必皆是所作也。然于异喻离词，若云凡非无常者，皆非所作，则为无过，故曰"无之必不然"。谓无无常者，必不是所作也。以体喻宽量，以端喻狭量，故云"体也若有端"。云何大故？谓以此大为彼大之因。如云：声是无常，不遍性，故不遍之与无常，了不相关，其量亦无宽狭。既不相关，必不能以不遍之因，成无常之宗，故曰"有之必无然"。二者同量，若见与见，若尺之前端后端，故曰"若见之成见也"，"体，若二之一，尺之端也。"近人或谓印度三支，即是欧洲三段。所云宗者，当彼断按；所云因者，当彼小前提；所云同喻之喻体者，当彼大前提。特其排列逆顺，彼此相反，则由自悟悟他之不同耳。然欧洲无异喻，而印度有异喻者，则以防其倒合，倒合则有减量换位之失。是故示以离法，而此弊为之消弭。村上专精，据此以为因明法式，长于欧洲。乃《墨子》于小故一条，已能知此，是亦难能可贵矣。若鸡三足，狗非犬之类，诡辩繁辞，今姑勿论。

次论杂家。杂家者，兼儒、墨，合名、法，见王治之无不贯。此本出于议官。彼此异论，非以调和为能事也。《吕氏春秋》《淮南》内篇，由数人集合而成，言各异指，固无所害，及以一人为之，则漫羡无所归心，此《汉志》所以讥为荡者也。《韩非子·显学》篇曰："墨者之葬也，冬日冬服，夏日夏服，桐棺三寸，服丧三月，世以为俭而礼之。儒者破家而葬，服丧三年，大毁扶杖，世以为孝而礼之。夫是墨子之俭，将非孔子之侈也；是孔子之孝，将非墨子之戾也。今孝、戾、俭、侈，俱在儒、墨，而上兼礼之。漆雕之议，不色挠，不目逃，行曲则违于臧获，行直则怒于诸侯，世主以为廉而礼之。宋荣子之议，设不斗争，取不随仇，不羞囹圄，见侮不辱，世主以为宽而礼之。夫是漆雕之廉，将非宋荣之恕也；是宋荣之宽，将非漆雕之暴也。今宽、廉、恕、暴，俱在二子，人主兼而礼之。自愚诬之学、杂反之辞争而人主俱听；故海内之士，言无定术，行无常议。夫冰炭不同器而久，寒暑不兼时而至，杂反之学不两立而治。今兼听杂学缪行同异之举，安得无乱乎？"韩非说虽如是，然欲一国议论，如合符节，此固必不可得者。学术进行，亦藉互相驳难，又不必偏废也。至以一人之言，而矛盾自陷，俯仰异趋，则学术自此衰矣。东汉以来，此风最盛，章氏《文史通义》谓近人著作，"无专门可归者，率以儒家、杂家为蛇龙之菹"，信不诬也。

次论农家。农家诸书，世无传者，《氾胜之书》时见他书征引，与贾思勰之《齐民要术》、王祯之《农书》义趣不异。若农家止于如此，则不妨归之方技，与医经、经方同列。然观《志》所述云："鄙者为之，以为无所事圣王，欲使君臣并耕，誖上下之序。"则许行所谓神农之言，犹有存者。《韩非·显学》篇云："今世之学士语治者，多曰：与贫穷地，以实无资。"是即近世均地主义，斯所以自成一家欤？

次论小说家。周、秦、西汉之小说，似与近世不同。如《周考》七十六篇、《青史子》《臣寿周纪》七篇、《虞初周说》九百四十三篇，与近世杂史相类，比于《西京杂记》《四朝闻见录》等，盖差胜矣。

贾谊尝引《青史》，必非谬悠之说可知。如《伊尹说》二十七篇、《鬻子说》十九篇、《宋子》《待诏臣安成未央术》一篇，则其言又兼黄、老。《庄子·天下》篇举宋钘、尹文之术，列为一家，荀卿亦与宋子相难。今《尹文》入名家，而《宋子》只入小说，此又不可解者。以意揣之，"宋子上说下教，强聒不舍"（见《庄子·天下》篇）。盖有意于社会道德者。所列黄、老诸家，宜亦同此。街谈巷议，所以有益于民俗也。《笑林》以后，此指渐衰，非刍荛之议矣。

上述所述诸子，凡得十家，而《汉志》称九流者，彼云九家可观，盖小说特为附录而已。就此十家论之，儒、道本同源而异流，与杂家、纵横家合为一类。墨家、阴阳家为一类，农家、小说家为一类，法家、名家各自独立，特有其相通者。

中国文化的根源和
近代学问的发达

　　至于哲理，那就深了一层，但书没有历史的繁，这倒是简易一点。中国头一个发明哲理的，算是老子。老子的学问，《汉书·艺

朱熹像

文志》说道出于史官。原来老子在周朝，本是做征藏史，所以人事变迁，看得分明。老子这一派，叫做道家。三千五百年前，商朝的伊尹；二千九百年前，周朝的太公；二千五百年前，周朝的管仲，本来都是道家。伊尹、太公的书，现在没了，管仲还有部《管子》留到如今，但管仲兼杂阴阳一派，有许多鬼话。老子出来，就大翻了，并不相信天帝鬼神和占验的话。孔子也受了老子的学说，所以不相信鬼，只不敢打扫干净，老子就打扫干净。老子以后，有二百年，庄子出来，就越发骏逸不群了。以前论理论事，都不大质验，老子是史官出身，所以专讲质验。以前看古来的帝王，都是圣人，老子看得穿他有私心。以前看万物都有个统系，老子看得万物没有统系。及到庄子《齐物论》出来，真是件件看成平等，照这个法子做去，就世界万物各得自在。不晓怎么昏愚的道士，反用老子做把柄，老子的书现在再也不能附会上去。还有人说老子好讲权术，也是错了。以前伊尹、太公、管仲，都有权术，老子看破他们的权术，所以把那些用权术的道理，一概揭穿，使后人不受他的欺罔。老子明明说的"正言若反"，后来人却不懂老子用意，若人人都解得老子的意，又把现在的人情参看参看，凭你盖世的英雄，都不能牢笼得人。惟有平凡人倒可以成就一点事业，这就是世界公理大明的时候了。

解老子的，第一是韩非子，在老子后有三百年光景，《解老》、《喻老》两篇，说得最好。后来还算王弼，在一千五百年前三国魏朝。河上公的注原是假托，傅奕的注在一千二百年前唐朝时候。更不必说。老子传到孔子，称为儒家，大意也差不多，不过拘守绳墨，眼孔比老子要小得多。孔子以后一百多年有孟子。孟子以后五六十年有荀子。孟子放任一点儿，学问上却少经验。荀子比孟子严整得多，学问上又多经验，说话又多条理。荀子的见解，和庄子纯然相反，但是《正名》《解蔽》两篇，是荀子学问最深的所在，后来人也都不解。老子不看重豪杰，只要"以正治国"。"正"是甚么？就是法律。这一点，荀子却相近些。后来变出一种法家，像韩非子，本来是荀子的门徒，又是深于老子的，可惜一味严厉。所以《史记》上说"老子深远"，见得韩非也不及了。

儒家从孔子以后，又流出一派名家，有个公孙龙，原是孔子的弟子，就是名家的开宗。此外墨子称为墨家，在孔子后几十年，意思全与儒家反对。《经上》《经下》两篇，也是名家的说，名家就是现在的论理学家。不过墨子、荀子，讲得最好，公孙龙就有几分诡辩。墨子的书，除去《经上》《经下》，其余所说，兼爱的道理，也是不错。只是尊天敬鬼，走入宗教一路，就不足论了。还有农家主张并耕，也是从老子来。小说家主张不斗，和道家、儒家、墨家都有关系。这七家都是有理的，居间调和的就是杂家。此外有纵横家，专是外交的口辩。阴阳家，就是鬼话，文章都好，哲理是一点不相干的。这十家古来通称九流。大概没有老子，书不能传到民间，民间没有书，怎么得成九流？所以开创学术，又是老子的首功。

九流行了不过二百年，就被秦始皇把他的书烧了。秦始皇在二千一百年前。到了汉朝，九流都没有人，儒家只会讲几句腐话，道家只会讲几句不管事的话，农家只会讲几句垦田的话，还算农家实在些。小说家只会讲几句传闻的话，名家、法家、墨家都绝了。杂家虽永远不坏，却没有别人的说话可以采取。倒是阴阳家最盛行，所以汉朝四百年，凡事都带一点儿宗教的意味。

到三国以后，渐渐复原，当时佛法也进中国来。佛法原是讲哲理的，本来不崇拜鬼神，不是宗教，但是天宫地狱的话，带些杂质在里面，也是印度原有这些话，所以佛法也不把他打破。若在中国，就不说了。所以深解佛学的人，只是求他的哲理，不讲甚么天宫地狱。论到哲理，自然高出老、庄。却是治世的方法，倒要老、庄补他的空儿。

后来到宋朝时候，湖南出了一个人叫做周茂叔，名是周敦颐，要想把佛学儒学调和。有一个鹤林寺的和尚，叫做寿涯，对他说："你只要改头换面！"周茂叔果然照他的话做去，可惜还参些道士的话。传到弟子河南程明道，名是程颢，他兄弟程伊川，名是程颐，周、程都是八百年前的人。就把道士的话打扫净了，开了一种理学的宗派，里面也取佛法，外面却攻佛法。那时候陕西还有个张横渠，名是张载，说话几分和二程不同，带几分墨子兼爱的意思。程伊川的学派，传到几代以后，福建有个朱晦庵，名是朱熹。朱熹在七百年前。周、程、张、朱几个人，后来将他的住址出名唤做濂、洛、关、闽。朱晦庵同时，还有个江西陆子静，名是陆九渊，和晦庵不对。陆子静只是粗豪，也取几分佛法。到明朝有个浙江王阳明，名是王守仁，传陆子静的派。世人都把程、朱、陆、王，当做反对的话，其实陆、王反对朱晦庵，也反对程伊川，到底不能反对程明道。陆、王比伊川、晦庵虽是各有所长，若比明道，是远远比不上。要把理学去比佛学，哲理是远不如，却是持世胜些；若比九流，哲理也不能比得老、庄，论理学也不能比得墨子、荀子，只没有墨子许多尊天敬鬼的话。至于治世，就不能并论了。

大概中国几家讲哲理的，意见虽各有不同，总是和宗教相远，就有几家近宗教的，后来也必定把宗教话打洗净了，总不出老子划定的圈子。这个原是要使民智，不是要使民愚。但最要紧的是名家，没有名家，一切哲理都难得发挥尽致。现在和子弟讲，原不能说到深处，只是大概说说。几位当教习的朋友，要先把《庄子·天下》篇、《荀子·非十二子》篇《淮南子·要略训》《史记·老庄申韩列传》《孟子荀卿列传》《太史公自序》《汉书·艺文志》《近思录》《明儒学案》，讲一段目录提要的话与学生，再就本书略讲些。没有本书，《东塾读书记》也可以取材。这件事本是专门的学问，不能够人人领会，不过学案要明白得一点。以上是教哲理的法子。

论诸子的大概

现在人把一切的书，分做经、史、子、集四部。这个是起于一千五百年前晋朝苟勖。以前却并不然，《汉书·艺文志》从刘歆《七略》出来，把一切书分做六部。其中诸子、兵书、数术、方技四部，现在统统叫做子书。六部中间，子书倒占了四部，可见当时学问的发达了。当时为甚么要分做四部呢？因为诸子大概是讲原理，其余不过一支一节，所以要分（但纵横家，也没有理）。流传到现在，兵书只存了《孙子》，数术只存了《山海经》，方技只有黄帝《素问》，扁鹊《难经》还在，也难免有后人改窜。惟有诸子存留的还多。到底是原理惬心，永远不变。一支一节的，过了时，就不中用，所以存灭的数不同。

诸子也叫做九流。汉朝太史公司马谈，只叙六家，就是道家、儒家、法家、名家、墨家、阴阳家。刘歆做《七略》，又添叙了四家，就是农家、纵横家、杂家、小说家，合起来是十家。因为小说家是附录，所以叫做九流。为甚么称家为流呢？古来学问都在官，民间除了六艺，就没有别的学问。到周朝衰了，在官的学问渐渐散入民间，或者把学问传子孙，或者聚徒讲授，所以叫做家。九流就是九派的意思。"流"字古书上不见，"家"字在《孟子》里头已经说"法家拂士"；《荀子》里头也说"小家纷说"；《庄子》里头也说"大方之家"。大概六国时候唤做家，汉朝才唤做流。

古来学问都是在官，所以《七略》说："儒家者流，出于司徒之官；道家者流，出于史官；阴阳家者流，出于羲和之官；法家者流，出于理官；名家者流，出于礼官；墨家者流，出于清庙之官；纵横家者流，出于行人之官；杂家者流，出于议官；农家者流，出于农稷之官；小说家者流，出于稗官。"固然有些想象，也有几个有确实凭据。道家成气候的，到底要算老子，老子本来做征藏史，所以说道家本于史官。墨子的学派，据《吕氏春秋》说，是得史角的传授，因为鲁国想要郊天（在南郊祭天，叫做郊天），求周朝允许他，周朝就差史角去，自然史角是管祭祀的官，所以说墨家出于清庙之守。这两项都是有真凭实据。但是《七略》里头，道家一个是伊尹，伊尹在商朝初年；墨家头一个是尹佚，尹佚在周朝初年，并不是周末的人，倒不能不使人起疑问。原来伊尹、尹佚的书，并非他自己做成，只是后来人记录一点儿，所以说九流成立的时候，总在周末。

九流里头，老子不过是一流，但是开九流著书的风气，毕竟要算老子。况且各家虽则不同，总不能离开历史，没有老子，历史不能传到民间，没有历史的根据，到底不能成家。所以老子是头一个开学派。有人说诸子所说的故事，有许多和经典不同，怎么说九流都有历史的根据？这个也容易解说。经典原是正史，只为正史说的事迹，不很周详，自然还有别的记录。记录固然在官，在官的书，也有流传错误，况且时代隔了长久，字形训诂，也不免有些走失，所以诸子说的故事，许多和经典不同，并不是随意编造。

九流分做十家，儒家、道家、法家、名家，都有精深的道理。墨家固然近宗教，也有他的见地，《经上》《经下》两篇，又是名家的开山。这五家自然可贵了。纵横家只说外交，并没甚么理解。农家只讲耕田。阴阳家只讲神话。小说家录许多街谈巷语。杂家钞集别人的学说。看来这五家不能和前五家并列，为甚么合在一起？因为五家都有特别的高见，也有特别的用处，所以和前五家并列。就像农家有"君臣并耕"的话。小说家宋鈃有"不斗"的话，有"弭兵"的话，都是特别的高见。杂家是看定政治一边不能专用一种方法，要索取各家的长，斟酌尽善，本来议官应该这样。阴阳家别的没有好处，不过驺衍说的大九州，很可以开拓心胸。后来汉武帝取三十六国，灭大宛，通

《墨子》

印度、奄蔡（奄蔡大概是露西亚地界），只为看了骀蔫的书，才得发出这个大主意来（《盐铁论》里头说的）。纵横家的话，本来几分像赋，到天下一统的时候，纵横家用不着，就变做词赋家。本来古人说："诵《诗》三百，可以专对。"可见纵横家的长技，也是从诗赋来。所以屈原是赋家第一人，也就娴于辞令。汉朝初年，邹阳、枚乘几个人，都是纵横家变成赋家的魁首。汉朝一代文章，大半是由纵横家变来。从子书的局面变成文集的局面，全是纵横家做个枢纽，这就是特别用处，所以十家并列，并没有甚么不称。

现在的分部，兼有诸子、兵书、数术、方技四部。古来分，近来合，原没有甚么不可。不过做目录的，一代不如一代。且看子部里头，本来没有释道，从梁朝阮孝绪做子录，添了佛录、道录两种，后来《隋书·经籍志》佛、道两家，还录在经、史、子、集四部以外。以后的目录，佛、道也收入子部，却是《佛藏》《道藏》的书，并不全采，不过偶然杂采几种，已经不如《隋书》远了。究竟后来的道经，和老子、庄子的道家，并不混乱。像欧阳修、宋祁修《唐书》，都还明白这个道理。因为道经本是张道陵开头，虽则托名老子，到底和老子不相干。况且晋朝葛洪，好讲炼丹，倒还痛骂老庄。《老子》说的："吾所以有大患，为吾有身；若吾无身，吾又何患？"《庄子》说的："莫寿于殇子，而彭祖为夭。"和道士求长生的意见，截然相反，怎么能合做一家？若为张道陵托名老子，就把道家道士看成一样，那么《道藏》里头，连《墨子》《韩非子》也都收去，也好说古来的九流，个个都是道士么？不晓怎么样，万斯同修《明史》，把老子、庄子的注解，和道士的书录在一块。近来的《四库提要》，也依着这种谬见，真是第一种荒唐了。又像小说家虽然卑近，但是《七略》所录，《鬻子》《宋子》《青史子》《周纪》《周考》都在小说家。
《隋书·经籍志》所录，《辩林》《古今艺术》《鲁史欹器图》《器准图》
都在小说家。大概平等的教训，简要的方志，常行的仪注，会萃的札
记，奇巧的工艺，都该在小说家著录。现在把这几种除了，小说家里
面，只剩了许多闲谈奇事，试想这种小说，配得上九流的资格么？这
是第二种荒唐了。古来的九流，近来虽不完全，但是《隋·经籍志》，
名家只有四部书，墨家只有二部书，纵横家只有两部书，也还各自分
开，并不为书少了，就勉强凑做一堆。近来人不管合得合不得，一把
叡送在杂家圈子里。章学诚说的"驱蛇龙而放之菹"，这是第三种的
荒唐了。要把子部目录，细细整理，就不是刘向父子出来，总要有王
俭、阮孝绪的学问，才够得上，断不是纪昀、陆锡熊这班人所能胜
任的。

国学概论·哲学的派别

"哲学"一名词，已为一般人所通用，其实不甚精当，"哲"训作"知"，"哲学"是求知的学问，未免太浅狭了。不过习惯相承，也难一时改换，并且也很难得一比此更精当的。南北朝号"哲学"为"玄学"，但当时"玄"、"儒"、"史"、"文"四者并称，"玄学"别"儒"而独立，也未可用以代"哲学"。至宋人所谓"道学"和"理学"是当时专门名辞，也不十分适用。今姑且用"哲学"二字罢。

讨论哲学的，在国学以子部为最多，经部中虽有极少部分与哲学有关，但大部分是为别种目的而作的。以《易》而论，看起来像是讨论哲学的书，其实是古代社会学，只《系辞》中谈些哲理罢了。《论语》，后人称之为经，在当时也只算是子书，此书半是伦理道德学，半是论哲理的。九流底成立，也不过适应当时需求，其中若纵横家是政客底技术，阴阳家是荒谬的迷信，农家是种植的技艺，杂家是杂乱的主张，都和哲学无关。至和哲学最有关系的，要算儒、道二家，其他要算法家、墨家、名家了。道家出于史官，和《易》相同；老、庄二子底主张，都和哲学有牵涉的；管子也是道家，也有小部分是和哲学有关的。儒家除《论语》一书外，还有《孟子》《荀子》都曾谈谈哲理。名家是治"正名定分之学"，就是现代底论理学，可算是哲学底一部分；尹文子、公孙龙子和庄子所称述的惠子，都是治这种学问的。惠子和公孙龙子主用奇怪的论调，务使人为我所驳倒，就是希腊所谓诡辩学派。《荀子·正名》篇，研究名学也很精当。墨子本为宗教家，但《经上》《经下》二篇，是极好的名学。法家本为应用的，而韩非子治法家之学，自谓出于老子，他有《解老》《喻老》二篇，太史公也把他和老庄合传，其中有一部分也有关哲理的。儒家、道家和法家底不同，就在出发点上，儒、道二家是以哲理为基本而推衍到政治和道德的，法家是旁及哲理罢了。他如宋牼，《汉书·艺文志》把他归在小说家，其实却有哲理的见解。庄子推宋牼为一家，《荀子·解蔽》篇驳宋牼底话很多，想宋牼底主张，在当时很流行，他是主张非兵的。宋牼所以算做小说家，因为他和别家不同，别家是用高深的学理，和门人研究，他是逢人便说，陈义很浅的。

周、秦诸子，道儒两家所见独到，这两家本是同源，后来才分离的。《史记》载孔子受业于征藏史，已可见孔子学说底渊源。老子道德底根本主张，是"上德不德"，就是无道德可见，才可谓之为真道德；孔子底道德主张，也和这种差不多。就是孟子所谓"由仁义行，非行仁义也"，也和老子主张一样的。道儒两家底政治主张，略有异同：道家范围大，对于一切破除净尽；儒家范围狭小，对于现行制度，尚是虚予委蛇。也可以说"其殊在量，非在质也"。老子为久远计，并且他没有一些名利观念，所以敢放胆说出；孔子急急要想做官，竟是"三月无君，则皇皇如也"，如何敢放胆说话呢！

儒家之学，在韩非子《显学》篇说是"儒分为八"，有所谓颜氏之儒。颜回是孔子极得意门生，曾承孔子许多赞美，当然有特别造就。但《孟子》和《荀子》是儒家，记载颜子的话很少，并且很浅薄。《庄子》载孔子和颜回底谈论却很多，可见颜氏底学问，儒家没曾传，反传于道家了。《庄子》有极赞孔子处，也有极诽谤孔子处，对于颜回，祇有赞无议，可见《庄子》对于颜回是极佩服的。《庄子》所以连孔子要加抨击，也因战国时学者托于孔子的很多，不如把孔子也驳斥，免得他们借孔子作护符。照这样看来，道家传于孔子为儒家，孔子传颜回，再传至庄子，又入道家了。至韩退之以庄子为子夏门人，因此说庄子也是儒家，这是"率尔之论，未尝订入实录"。他因为庄子曾称田子方，遂谓子方是庄子底先生，那么，《让王》篇也曾举曾原、则阳、无鬼、庚桑诸子，也都列名在篇目，都可算做庄子底先生吗？

孟子，《史记》说他是"受业子思之门"；宋人说子思是出于曾子之门，这是臆测之词，古无此说。《中庸》中虽曾引曾子的话，也不能断定子思是出于曾子的。至谓《大学》是曾子所作，也是宋人杜撰，不可信的。子思在《中庸》所主张，确含神道设教的意味，颇近宗教，孟子却一些也没有。荀子《非十二子》篇对于子思、孟子均有诽议，说他们是信仰五行的。孟子信五行之说，今已无证据可考，或者外篇已失，内篇原是没有这种论调的。子思在《礼记》中确已讲过五行的话。

《南华真经》（《庄子》）

荀子底学问究源出何人，古无定论。他尝称仲尼、子弓，子弓是谁，我们无从考出。有人说：子弓就是子张；子张在孔子门人中不算卓异的人才，如何会是他呢？今人考出子弓就是仲弓，这也有理。仲弓底学问，也为孔子所赞许，造就当有可观。郑康成《六艺论》说仲弓是编辑《论语》的，而《荀子》一书体裁也是仿效《论语》的。《论语》以《学而》始，以《尧曰》终；荀子也以《劝学》始，以《尧问》终，其中岂非有蛛丝马迹可寻吗？荀子和孟子虽是都称儒家，而两人学问底来源大不同。荀子是精于制度典章之学，所以"隆《礼仪》而杀《诗》《书》"，他书中底《王制》《礼论》《乐论》等篇，可推独步。孟子通古今，长于《诗》《书》，而于礼甚疏。他讲王政，讲来讲去，只有"五亩之宅，树之以桑；鸡豚狗彘之畜，无失其时；百亩之田，勿夺其时"等话，简陋不堪，那能及荀子的博大！但孟子讲《诗》《书》，的确好极，他底小学也很精，他所说"庠者，养也；洚水者，洪水也；畜君者，好君也"等等，真可冠绝当代！由他们两人根本学问底不同，所以产生"性善""性恶"两大反对的主张。在荀子主礼仪，礼仪多由人为的，因此说人性本恶，经了人为，乃走上善的路。在孟子是主《诗》《书》，《诗》是陶淑性情的，《书》是养成才气的，感情和才气都自天然，所以认定人性本善的。两家底高下，原难以判定。韩退之以大醇小疵定之，可谓鄙陋之见。实在汉代治儒家之学，没有能及荀、孟两家了。

告子，庄子说他是兼学儒、墨，孟子和他有辩驳，墨子也排斥他底"仁内义外"的主张；墨、孟去近百年，告子如何能并见？或者当时学问是世代相传的。告子底"生之为性，无善无不善"的主张，看起来比荀、孟都高一着。荀、孟是以所学定其主张，告子是超乎所学而出主张的。告子口才不及孟子，因此被孟子立刻驳倒。其实孟子把

"犬之性犹牛之性，牛之性犹人之性与"一语难告子，告子也何妨说"生之为性，犬之生犹牛之生，牛之生犹人之生"呢？考"性"亦可训作"生"，古人所谓"毁不灭性"底"性"字，就是"生"的意义。并且我们也常说"性命"一语呢！

道家底庄子以时代论，比荀子早些，和孟子同时，终没曾见过一面。庄子是宋人，宋和梁接近，庄子和惠子往来，惠子又为梁相，孟子在梁颇久，本有会面的机会，但孟子本性不欢喜和人家往来，彼此学问又不同，就不会见了。

庄子自以为和老子不同，《天下》篇是偏于孔子的。但庄子的根本学说和老子相去不远。不过老子底主张，使人不容易捉摸，庄子底主张比较的容易明白些。

庄子底根本主张，就是"自由"、"平等"，"自由平等"的愿望，是人类所公同的，无论那一种宗教，也都标出这四个字。自由平等见于佛经，"自由"在佛经称为"自在"。庄子发明自由平等之义，在《逍遥游》《齐物论》二篇。"逍遥游"者，自由也；"齐物论"者，平等也。但庄子底自由平等，和近人所称的又有些不同。近人所谓"自由"，是在人和人底当中发生的，我不应侵犯人底自由，人亦不应侵犯我底自由。《逍遥游》所谓"自由"，是归根结底到"无待"两字；他以为人与人之间底自由，不能算数；在饥来想吃、寒来想衣的时候，就不自由了。就是列子御风而行，大鹏自北冥徙南冥，皆有待于风，也不能算"自由"。真自由惟有"无待"才可以做到。近人所谓平等，是指人和人的平等，那人和禽兽草木之间，还是不平等的。佛法中所谓平等，已把人和禽兽平等。庄子却更进一步，与物都平等了。仅是平等，他还以为未足，他以为"是非之心存焉"尚是不平等，必要去是非之心才是平等。庄子临死有"以不平平，其平也不平"一语，是他平等的注脚。

庄子要求平等自由，既如上述。如何而能达到平等自由，他底话很多，差不多和佛法相近。庄子《庚桑楚》篇，朱文公说他全是禅，宋人凡关于佛法，皆称为禅——实在《庚桑楚》篇和"禅"尚有别，和"佛法"真很近了。庄子说"灵台者有持"，就是佛法底"阿陀那识"；"阿陀那"意即"持"。我们申而言之，可以说眼目口鼻所以能运动自由，都有"持之者"，即谓"持生之本也"。庄子又有《德充符》篇，其中有王骀者，并由仲尼称述他底主张；是否有此人，原不可知，或是庄子所假托的。我们就常季所称述"彼为己，以其知得其心，以其心得其常心"等语，是和佛法又相同的。"知"就是"意识"；"心"就是"阿陀那识"，或称"阿赖耶识"，简单说起来就是"我"；"常心"就是"庵摩罗识"，或称"真如心"，就是"不生不灭之心"。佛家主张打破"阿赖耶识"，以求"庵摩那识"。因为"阿赖耶识"存在，人总有妄想苦恼；惟能打破生命之现象，那"不生不灭之心"才出现。庄子求常心，也是此理。他也以为常心是非寻常所能知道的。庄子"无我"的主张，也和佛法相同。庄子底"无我"和孔子底"毋我"、颜子底"克己复礼"也相同，即一己与万物同化，今人所谓融"小我"于"大我"之中。这种高深主张，孟、荀见不到此，原来孔子也只推许颜回是悟此道的。所以庄子面目上是道家，也可说是儒家。

自孔子至战国，其间学说纷起，都有精辟的见解，真是可以使我们景仰的。

战国处士横议，秦始皇所最愤恨，就下焚书坑儒等凶辣手段。汉初虽有人治经学，对于九流，依旧怀恨，差不多和现在一般人切齿政客一般。汉武帝时，学校只许读经学，排斥诸子百家了。

儒家之利病

儒者之称，有广狭二义。以广义言，凡士子皆得称之；以狭义言，如汉儒、宋儒始可谓儒。今姑论狭义之儒。

儒自古称柔，少振作。《汉书·艺文志》云："儒家议论多而成功少。"惟孔子及七十子则不然。春秋以后，儒家分为二宗：一曰孟子，二曰荀子。大抵经学之士多宗荀，理学之士多宗孟。然始儒者能综合之，故兼有修身、齐家、治国、平天下之功。汉儒如贾谊之徒，言词虽涉铺张，然文帝纳之，施之于政，灿然可观。是时儒者，非惟能论政治，善用兵者亦多。段颍、张奂平西羌，度尚平南蛮，卢植平黄巾，植经学政治军略，均卓尔不群，即三分鼎足之刘备，亦师事卢植。及后即帝位，犹谆谆教其子读《礼记》，非儒而何？曹操、孙权，皆举孝廉，亦儒之流也。唐之儒亦能综合孟、荀，故如魏征、陆贽辈之相业，彪炳千古。至有宋理学之儒出，尊孟抑荀，于是儒者皆绌于军国大事。窃谓孟子之学，虽抗言王道，然其实郡县之才也。如"五亩之宅，树之以桑，七十者可以衣帛矣"云云，足征其可造成循吏。即孟子得时乘权，亦不过如黄霸、龚遂耳，不如荀之规模扩大。故宋儒服官者，多循吏，而于国家大政则疏，其所由来者渐矣。

昔人言，儒相推葛、陆、范、马。然诸葛治蜀全任综核，法家之流，非儒家也。当推魏征为宜，明之刘健、徐阶，亦堪称之。余定古今儒相为魏、陆、范、马、刘、徐六人。若姚崇、宋璟亦法家也。李泌则道家也。李德裕、杨一清、张居正则善用权谋者也。

后世之儒，少有论兵者。于王阳明之武功，亦非群儒所喜，盖孟子之不论兵有以致之。若荀子则有《议兵》篇在。《荀子·议兵》篇论古兵制曰："齐之技击，不可以遇魏氏之武卒；魏氏之武卒，不可以遇秦之锐士；秦之锐士，不可以当桓文之节制；桓文之节制，不可以敌汤武之仁义，有遇之者，若以焦熬投石焉。"

骄吝，亦儒者之深病。子曰："如有周公之才之美，使骄且吝，其余不足观也已。"而宋儒率多自尊大，其悭吝亦深。林粟远道求学于朱子，朱子待之以脱粟饭，致林粟怀恨去。然此非徒理学诸公有之。英雄如曹操，良相如司马温公，亦不免有吝字。操临终时，尚恋其裘服，最为可笑。温公遇某生欲纳妾，贷钱二千缗，公以长函责之。如清末所称之曾国藩，政治不足述，军事有足纪，其战胜之关键，在熟读《方舆纪要》，知地理，明形势，以扼敌于死地。然亦辞不得吝字。闻李鸿章为其幕僚，月得薪水十二两。又观其家书，嘱其夫人日纺纱四两，何异藏文仲之妾织蒲，张安世家僮七百各有手技。公仪休为相，拔园葵，去织妇，以不欲与民争利也。而后世乃以此为美，亦异乎吾所闻矣。大抵儒之吝者，皆杂有墨家之风。荀子曰："墨子汲汲为天下忧不足。"惟孟、荀时，儒颇阔大，多不吝啬，以后之儒，则似不然。范文正、顾亭林则出泥不染，可法也。

理学至宋之永嘉派陈止斋、叶水心，专述制度，较余派为有实用，亦尚不免迂阔。如慕唐府兵，而以为不须糜饷。此盖信三时务农、一时讲武之说。然欲兵之选练，征兵亦须在行伍，岂得三时务农乎？至清颜习斋、李恕谷之学，重礼、乐、射、御、书、数，而射御尤重，可谓扼要。其说之夸大者，则谓一人可兼水、火、工、虞。若陆桴亭之学，亦甚切实，惟误信致知格物之说，《思辨录》中喜论天文，其于兵法信八阵图（八阵图见唐李筌《太白阴经》）、戚继光鸳鸯阵，亦不免于迂也。

孔子之门甚广大，非皆儒也，故云："夫子之门，何其杂也？"子贡纵横家，子路任侠之士，而又兼兵家。然儒家之有权谋者，亦仍本乎道家。即前所指六相中，除魏、马、刘外，陆、范、徐皆善用权谋。即尚论周公，岂非儒家之首，然其用太公主兵，足征亦任权谋矣。太公，道家也。然其所使权谋，皆露而不隐，范蠡、陈平即其流亚。反不如管仲处处守正，深沉不露。若老子则尤微妙不可测矣。如范蠡在孔子之门，亦未必见摈也。至孟、荀皆不尚权谋，其反间燕世子事，如邯郸效颦，卒致于败。故知任天下之重者，权谋本非所禁，然亦非迂儒之所可效也。

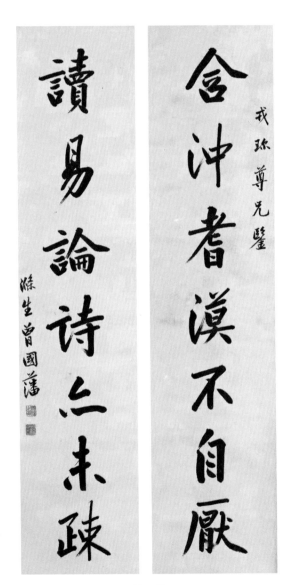

含冲者漠不自厭

我珠尊兄鑒

讀易論诗亦未疏

愚生曾國藩

曾国藩

诸子略说（上）

讲论诸子，当先分疏诸子流别。论诸子流别者，庄子《天下》篇、《淮南·要略训》、太史公《论六家要指》，及《汉书·艺文志》是已。此四篇中，《艺文志》所述最备，而《庄子》所论多与后三家不同，今且比较而说明之。

《天下》篇论儒家，但云其在于《诗》《书》《礼》《乐》者，邹鲁之士，缙绅先生多能明之，而不加批判。其论墨家，列宋钘、尹文，而《艺文志》以宋钘入小说家，以尹文入名家。盖宋钘"以禁攻寝兵为外，以情欲寡浅为内"，周行天下，上说下教，故近于小说；而尹文之名学，不尚坚白同异之辨，觭偶不仵之辞，故与相里勤五侯之徒南方之墨者异趣。其次论彭蒙、田骈、慎到，都近法家。《艺文志》则以慎到入法家，以田骈入道家，是道家、法家合流也。田骈当时号为天口骈，今《尹文子》又有彭蒙语，是道家、名家合流也。道家所以流为法家者，即老子、韩非同传，可以知之。《老子》云："鱼不可脱于渊，国之利器不可以示人。"此二语是法家之根本，唯韩非能解老、喻老，故成其为法家矣。其次论老聃、关尹，同为道家，而己之道术又与异趣。盖老子之言，鲜有超过人格者，而庄子则上与造物者游，下与外死生无终始者为友，故有别矣。惠施本与庄周相善，而庄子讥之曰："由天地之道，观惠施之能，其犹一蚊一虻之劳，与物何庸？"即此可知尹文、惠施同属名家，而庄子别论之故。盖尹文之名，不过正名之大体，循名责实，可施于为政，与荀子正名之旨相同。若惠施、公孙龙之诡辨，与别墨一派，都无关于政治也。然则庄子之论名家，视《艺文志》为精审矣。其时荀子未出，故不见著录。若邓析者，变乱是非，民献襦裤而学讼，殆与后世讼师一流，故庄子不屑论及之欤？

《要略》首论太公之谋为道家，次论周、孔之训为儒家，又次论墨家，又次论管子之书为道家，晏子之谏为儒家，又次论申子刑名之书、商鞅之法为法家。比于《天下》篇，独少名家一流。

太史公《论六家要指》，于阴阳、儒、墨、名、法五家，各有短长，而以黄老之术为依归。此由身为史官，明于成败利钝之效，故独有取于虚无因循之说也。昔老聃著五千言，为道家之大宗，固尝为柱下史矣。故曰"道家者流，出于史官"。

《艺文志》列九流，其实十家。其纵横家在七国力政之际，应运而起，统一之后，其学自废。农家播百谷，勤耕桑，则《吕览》亦载其说。至于君臣并耕，如孟子所称许行之学，殆为后出，然其说亦不能见之实事。杂家集他人之长，以为己有，《吕览》是已。此在后代，即《群书治要》之比，再扩充之，则《图书集成》亦是也。小说家街谈巷议，道听涂说，固不可尽信，然宋钘之流，亦自有其主张，虞初九百，则后来方志之滥觞。是故纵横、农、杂、小说四家，自史公以前，都不数也。

虽然，纵横之名，起于七国，外交专对，自春秋已重之。又氾胜之区田之法，本自伊尹，是伊尹即农家之发端。田蚡所学盘盂书，出自孔甲，是孔甲即杂家之发端。方志者，《周官》土训、诵训之事。今更就《艺文志》所言九流所从出而推论之。

《艺文志》云：儒家出于司徒之官。此特以《周官》司徒掌邦教，而儒者主于明教化，故知其源流如此。又云：道家出于史官者，老子固尝为柱下史，伊尹、太公、管子，则皆非史也，唯管子下令如流水之原，令顺民心，论卑而易行，此诚合于道家南面之术耳。又云：墨家出于清庙之守者，墨家祖尹佚，《洛诰》言："烝祭文王武王，逸祝册。"逸固清庙之守也。又《吕览》云："鲁惠公使宰让请郊庙之礼于天子，桓王使史角往，惠公止之，其后在于鲁，墨子学焉。"是尤为墨学出于清庙之确证。又云：名家出于礼官，此特就名位礼数推论而知之。又云：法家出于理官者，理者莫尚于皋陶。皋陶曰："余未有知，思曰赞赞襄哉！"此颇近道家言矣。赞者，老子所称辅万物之自然而不敢为也，襄者因也，即老子所称"圣人无常心，以百姓心为心"也。庄子称"慎到无用贤圣，块不失道"，此即理官引律断案之法矣。然《艺文志》法家首列李悝，以悝作《法经》，为后来法律之根本。自昔《夏刑》三千，《周刑》二千五百，皆当有其书，子产亦铸《刑书》，今悉不可见。独《法经》六篇，萧何广之为《九章》，遂为历代刑法所祖述。后世律书，有名例，本于曹魏之刑名法例，其原即《法经》《九章》之具律也。持法最重名例，故法家必与名家相依。又云：阴阳家出于羲和之官。今案：《管子》称述阴阳之言颇多，《左传》载苌弘之语，亦阴阳家言也。又云：农家出于农稷之官，此自不足深论。又云：纵横家出于行人之官者，此非必行人著书传之后代，特外交成案，有可稽考者尔。《张仪传》称仪与苏秦俱事鬼谷先生学术，《风俗通》云："鬼谷先生，六国时纵横家"，更不知鬼谷之学何从受之。又云：杂家出于议官者，汉官有议郎，即所谓议官也，于古无征。又云：小说家出于稗官，如淳曰："王者欲知闾巷风俗，故立稗官，使称说之。"是稗官为小官近民者。

诸子之起，孰先孰后，史公、刘、班都未论及。《淮南》所叙，先后倒置，亦不足以考时代。今但以战国诸家为次，则儒家宗师仲尼，道家传于老子，此为最先。墨子或曰并孔子时，或曰在其后。案墨子亟说鲁阳文子，当楚惠王时，惠王之卒，在鲁悼公时，盖墨子去孔子亦四五十年矣。观墨子之论辨，大抵质朴迟钝，独《经说》为异。意者《经说》别墨所传，又出墨子之后。法家李悝，当魏文侯时。名家尹文，当齐宣王时。阴阳家邹衍，当齐湣王、燕昭王时，皆稍稍晚出。纵横家苏秦，当周显王时。小说家淳于髡，当梁惠王时，此皆与孟子并世者。杂家当以《吕览》为大宗，《吕览》集诸书而成，备论天地万物古今之事。盖前此无吕氏之权势者，亦无由办此。

然更上征之春秋之世，则儒家有晏子，道家有管子，墨家则鲁之臧氏近之。观于哀伯之谏，首称清庙，已似墨道。及文仲纵逆祀，祀爰居，则明鬼之效也。妾织蒲则节用之法也。武仲见称圣人，盖以巨子自任矣。至如师服之论名，即名家之发端。子产之铸刑书，得法家之大本。其存郑于晋、楚之间，则亦尽纵横之能事。若烛之武之退秦师，是纯为纵横家。梓慎、裨灶，皆知天道，是纯为阴阳家。蔡墨之述畜龙，盖近于小说矣。唯农家、杂家，不见于春秋。

以上论九流大旨。今复分别论之。先论儒家。

《汉书·艺文志》谓儒家出于司徒之官，大旨是也。《周礼·大司徒》以乡三物教万民：六德、六行、六艺。六德者，智、仁、圣、义、中、和，此为普遍之德，无对象。六行者，孝、友、睦、姻、任、恤，此为各别之行，有对象。如孝对父母，友对兄弟，睦、姻对戚党，任、恤对他人。六艺者，礼、乐、射、御、书、数。礼、乐不可斯须去身，射、御为体育之事，书、数则寻常日用之要，于是智育、德育、体育俱备。又师氏以三德教国子，曰：至德以为道本，敏德以为行本，孝德以知逆恶。盖以六德六行概括言之也。又大司徒以五礼防万民之伪而教之中，以六乐防万民之情而教之和；大司乐以乐德教国子，中和祗庸孝友。大宗伯亦称中礼和乐。可知古人教士，以礼乐为重。后人推而广之，或云中和，或云中庸。孔子曰："中庸之为德，其至矣乎，民鲜能久矣。"中庸联称，不始于子思。至子思乃谓"喜怒哀乐之未发谓之中，发而皆中节谓之和"，其始殆由"中和祗庸孝友"一语出也。

儒者之书，《大学》是至德以为道本，明明德，止于至善，至德也。《儒行》是敏德以为行本，《孝经》是孝德以知逆恶，此三书实儒家之总持。刘、班言儒家出于司徒之官，固然。然亦有出于大司乐者，中庸二字是也。以儒家主教化，故谓其源出教官。

《荀子·儒效》称周公为大儒，然则儒以周公为首。《周礼》云：

孔子圣迹图（部分），孔子博物馆藏

"师以贤得民，儒以道得民。"师之与儒，殆如后世所称经师、人师。师以贤得民者，郑《注》谓以道行教民。儒以道得民者，郑《注》谓以六艺教民。此盖互言之也。

儒之含义綦广，《说文》："儒，柔也。术士之称。"术士之义亦广矣，草昧初开，人性强暴，施以教育，渐渐摧刚为柔。柔者受教育而驯扰之谓，非谓儒以柔为美也。受教育而驯扰，不惟儒家为然，道家、墨家，未尝不然，等而下之，凡宗教家莫不皆然，非可以专称儒也。又《庄子·说剑》："先生必儒服而见王，事必大逆。"庄子道家，亦服儒服。司马相如《大人赋》："列仙之儒，居山泽间，形容甚臞。"仙亦可称为儒。而《宏明集》复有"九流皆儒"之说，则宗教家亦可称儒矣。今所论者，出于司徒之儒家，非广义之术士也。

周公、孔子之间，有儒家乎？曰：有。晏子是也。柳子厚称晏子为墨家。余谓晏子一狐裘三十年，尚俭与墨子同，此外皆不同墨道。春秋之末，尚俭之心，人人共有。孔子云："礼，与其奢也，宁俭。"老子有三宝，二曰俭。盖春秋时繁文缛礼，流于奢华，故老、墨、儒三家皆以俭为美，不得谓尚俭即为墨家也。且晏子祀其先人，豚肩不掩豆。墨家明鬼，而晏子轻视祭祀如此，使墨子见之，必礜蹙而去。墨子节葬，改三年服为三月服，而晏子丧亲尽礼，亦与墨子相反。可见晏子非墨家也。又儒家慎独之言，晏子先发之，所谓"独立不惭于影，独寝不惭于魂"是也。当时晏子与管子并称，晏之功不如管，而人顾并称之，非以其重儒学而何？故孔子以前，周公之后，惟晏子为儒家。蘧伯玉虽似儒家，而不见有书，无可称也。

孔子之道，所包者广，非晏子之比矣。夫儒者之业，本不过大司徒之言，专以修己治人为务，《大学》《儒行》《孝经》三书，可见其大概。然《论语》之言，与此三书有异。孔子平居教人，多修己治人之言，及自道所得，则不限于此。修己治人，不求超出人格，孔子自得之言，盖有超出人格之外者矣。子绝四：毋意、毋必、毋固、毋我。毋意者，意非意识之意，乃佛法之意根也。有生之本，佛说谓之阿赖耶识，阿赖耶无分彼我，意根执之以为我，而其作用在恒审思量，有意根即有我，有我即堕入生死。颠狂之人，事事不记，惟不忘我。常人作止语默，绝不自问谁行谁说，此即意根之力。欲除我见，必先断意根。毋必者，必即恒审思量之审。毋固者，固即意根之念念执着。无恒审思量，无念念执着，斯无我见矣。然则绝四即是超出三界之说。六朝僧人好以佛、老、孔比量，谓老、孔远不如佛，玄奘亦云，皆非知言之论也。然此意以之讲说则可以之，解经则不可。何者？讲说可以通论，解经务守家法耳。

　　儒者之业，在修己治人，以此教人，而不以此为至。孔门弟子独颜子闻克己之说。克己者，破我执之谓。孔子以四科设教，德行颜渊、闵子骞、冉伯牛、仲弓。然孔子语仲弓，仅言"出门如见大宾，使民如承大祭"而已。可知超出人格之语，不轻告人也。颜子之事不甚著，独庄子所称心斋坐忘，能传其意。然《论语》记颜子之语曰："仰之弥高，钻之弥坚，瞻之在前，忽焉在后"盖颜子始犹以为如有物焉，卓然而立。经孔子之教，乃谓"如有所立卓尔，虽欲从之，末由也已"。"如"当作假设之辞，不训似。此即本来无物，无修无得之意。然老子亦见到此，故云："上德不德，是以有德。下德不失德，是以无德。"德者得也。有所得非也，有所见亦非也。杨子云则见不到此，故云颜苦孔之卓，实则孔颜自道之语，皆超出人格语。孟子亦能见到，故有"望道而未之见"语。既不见则不必望，而犹曰望者，行文不得不尔也。孔子曰："吾有知乎哉？无知也。"此亦非谦辞。张横渠谓"洪钟无声，待叩乃有声；圣人无知，待问乃有知。"其实答问者有依他心，无自依心。待问而知之知，非真知也，依他而为知耳。佛法谓一念不起，此即等于无知。人来问我，我以彼心照我之心，据彼心而为答，乌得谓之有知哉？横渠待问有知之语，犹未谛也。佛法立人我、法我二执：觉自己有主宰，即为人我执；信佛而执着佛，信圣人而执着圣人，即为法我执，推而至于信道而执着道，亦法我执也。绝四之说，人我、法我俱尽。"如有所立卓尔，虽欲从之，末由也已"者，亦除法我执矣。此等自得之语，孔、颜之后，无第三人能道。佛、庄不论。

子思之学，于佛法入天趣一流。超出人格而不能断灭，此之谓天趣。其书发端即曰"天命之谓性"，结尾亦曰"与天地参，上天之载，无声无臭"。佛法未入中土时，人皆以天为绝顶。佛法既入，乃知天尚非其至者。谢灵运言成佛生天，居然有高下。如以佛法衡量，子思乃中国之婆罗门。婆罗门者，崇拜梵天王者也。然犹视基督教为进。观基督教述马里亚生耶稣事，可知基督教之上帝，乃欲界天，与汉儒所称感生帝无别。佛法所谓三界者，无色界天、色界天、欲界天。欲界天在人之上，而在色界天之下。而子思所称之"无声无臭"，相当于佛法之色界天，适与印度婆罗门相等。子思之后有孟子，孟子之学，高于子思。孟子不言天，以我为最高，故曰"万物皆备于我"。孟子觉一切万物，皆由我出。如一转而入佛法，即三界皆由心造之说，而孟子只是数论。数论立神我为最高，一切万物，皆由神我流出。孟子之语，与之相契。又曰"反身而诚，乐莫大焉"者，反观身心，觉万物确然皆备于我，故为可乐。孟子虽不言天，然仍入天界。盖由色界天而入无色界天，较之子思，高出一层耳。夫有神我之见者，以我为最尊，易起我慢。孟子生平夸大，"说大人，则藐之"，又云："我善养吾浩然之气，至大至刚，以直养而无害，塞乎天地之间。"其我慢如此。何者？有神我之见在，不自觉其夸大耳。以故孟子之学，较孔、颜为不逮。要之，子思、孟子均超出人格，而不能超出天界，其所得与婆罗门数论相等。然二家于修己治人之道，并不抛弃，则异于婆罗门数论诸家。子思作《中庸》，孟子著七篇，皆论学而及政治者也。子思、孟子既入天趣，若不转身，必不能到孔、颜之地，惟庄子为得颜子之意耳。

荀子语语平实，但务修己治人，不求高远。论至极之道，固非荀子所及。荀子最反对言天者，《天论》云："圣人不求知天。"又云："星坠木鸣，日月有蚀，怪星党见，牛马相生，六畜为妖，怪之可也，畏之非也。"揆荀子之意，盖反对当时阴阳家一流，邹衍之说及后之《洪

《孟子》

范五行传》一流。其意以为天与人实不相关。

《非十二子》云："案往旧造说，谓之五行。子思唱之，孟轲和之。"今案：孟子书不见五行语，《中庸》亦无之，惟《表记》《表记》《坊记》《中庸》《缁衣》皆子思作。有"水尊而不亲，土亲而不尊，天尊而不亲，命亲而不尊，鬼尊而不亲"诸语。子思五行之说，殆即指此。《汉书·艺文志》：《子思》二十三篇，今存四篇，见《戴记》，余十九篇不可见，其中或有论五行语。孟子有《外书》，今不可见，或亦有五行语。荀子反对思、孟，即以五行之说为其的。盖荀子专以人事为重，怪诞之语，五行之说，后邹衍辈所专务者。非驳尽不可也。汉儒孟、荀并尊，余谓如但尊荀子，则《五行传》、纬书一流，不致嚣张。今人但知阴阳家以邹衍为首，察荀子所云，则阴阳家乃儒家之别流也。《洪范》陈说五行而不及相生相克。《周本纪》武王问箕子殷所以亡，箕子不忍言殷恶，武王亦丑，故问以天道。据此知《洪范》乃箕子之闲话耳。汉文帝见贾生于宣室，不问苍生问鬼神。今贾生之言不传，或者史家以为无关宏恉，故阙而不书。当时武王见箕子，心怀惭疚，无话可说，乃问天道。箕子本阳狂，亦妄称以应之。可见《洪范》在当时并不着重，亦犹贾生宣室之对也。汉儒附会，遂生许多怪诞之说。如荀子之说早行，则《五行传》不致流衍。墨子时子思已生，邹衍未出，《墨经》有"五行无常胜说在宜"一语。而邹衍之言，以五胜为主。五胜者，五行相胜：水胜火，火胜金，金胜木，木胜土，土胜水也。然水火之间承之以釜，火何尝不能胜水？水大则怀山襄陵，土又何尝能胜水？墨子已言"五行无常胜"，而孟子、邹衍仍有五行之说，后乃流为谶纬。如荀子不斥五行，墨家必起而斥之。要之，荀子反对思、孟，非反对思、孟根本之学，特专务人事，不及天命，即不主超出人格也。

荀子复言隆礼乐，或作仪。杀《诗》《书》，此其故由于孟子长于

《诗》《书》，而不长于礼。孟子曰："诸侯之礼，吾未之学也。"墨子时引《诗》《书》，引《书》多于孟子。而反对礼乐。荀子偏矫，纯与墨家相反。此其所以隆礼乐，杀《诗》《书》也。《非十二子》反对墨家最甚，宁可少读《诗》《书》，不可不尊礼乐，其故可知。其所以反对子思、孟子者，子思、孟子皆有超出人格处，荀子所不道也。

若以政治规模立论，荀子较孟子为高。荀子明施政之术，孟子仅言五亩之宅树之以桑，使民养生送死无憾而已。由孟子此说，乃与龚遂之法相似，为郡太守固有余，治国家则不足，以其不知大体，仅有农家之术尔。又孟子云："尧舜性之也，汤武反之也，五霸假之也。"又谓："仲尼之门，无道桓文之事者。"于五霸甚为轻蔑。荀子则不然，谓"义立而王，信立而霸，权谋立而亡"，于五霸，能知其长处。又《议兵》云："齐之技击，不可以遇魏氏之武卒；魏氏之武卒，不可以遇秦之锐士；秦之锐士，不可以当桓文之节制；桓文之节制，不可以敌汤武之仁义。"看来层次分明，不如孟子之一笔抹杀。余谓《议兵》一篇，非孟子所能及。

至于性善性恶之辩，以二人为学入门不同，故立论各异。荀子隆礼乐而杀《诗》《书》，孟子则长于《诗》《书》。孟子由《诗》入，荀子由《礼》入。《诗》以道性情，故云人性本善。《礼》以立节制，故云人性本恶。又，孟子邹人，邹鲁之间，儒者所居，人习礼让，所见无非善人，故云性善。荀子赵人，燕赵之俗，杯酒失意，白刃相雠，人习凶暴，所见无非恶人，故云性恶。且孟母知胎教，教子三迁，孟子习于善，遂推之人性以为皆善。荀子幼时教育殆不如孟子，自见性恶，故推之人性以为尽恶。

孟子论性有四端：恻隐为仁之端，羞恶为义之端，辞让为礼之端，是非为智之端。然四端中，独辞让之心为孩提之童所不具，野蛮人亦无之。荀子隆礼，有见于辞让之心性所不具，故云性恶，以此攻击孟子，孟子当无以自解。然荀子谓礼义辞让，圣人所为。圣人亦人耳，圣人之性亦本恶，试问何以能化性起伪？此荀子不能自圆其说者也。反观孟子既云性善，亦何必重视教育，即政治亦何所用之？是故二家之说俱偏，惟孔子"性相近，习相远"之语，为中道也。

杨子云迂腐，不如孟、荀甚远，然论性谓善恶混，则有独到处。于此亦须采佛法解之，若纯依儒家，不能判也。佛法阿赖耶识，本无善恶，意根执着阿赖耶为我，乃生根本四烦恼：我见、我痴、我爱、我慢是也。我见与我痴相长，我爱与我慢相制，由我爱而生恻隐之心，由我慢而生好胜之心。孟子有见于我爱，故云性善。荀子有见于我慢，故云性恶。杨子有见于我爱我慢，交互为用，故云善恶混也。

孟、荀、杨三家，由情见性，此乃佛法之四烦恼。佛家之所谓性，浑沌无形，则告子所见无善无不善者是矣。杨子生孟、荀之后，其前尚有董仲舒，仲舒谓人性犹谷，谷中有米，米外亦有糠。是善恶混之说，仲舒已见到，子云始明言之耳。子云之学，不如孟、荀，唯此一点，可称后来居上。

然则论自得之处，孟子最优，子思次之，而皆在天趣。荀子专主人事，不务超出人格，则但有人趣。若论政治，则荀子高于思、孟。子云投阁，其自得者可知。韩昌黎谓"孟子醇乎醇，荀与扬大醇而小疵"，其实扬不如荀远甚。孟疏于礼，我慢最重，亦未见其醇乎醇也。司马温公注《太玄》《法言》，欲跻杨子于孟、荀之上。夫孟、荀著书，不事摹拟，杨则摹拟泰甚，绝无卓然自立之处，若无善恶混一言，乌可与孟、荀同年而语哉！温公所云，未免阿其所好。至于孔、颜一路，非惟汉儒不能及，即子思、孟子亦未能步趋，盖邈乎远矣。以上略论汉以前之儒者。

论汉以后之儒家，不应从宋儒讲起，六朝、隋、唐，亦有儒家也。概而言之，须分两派：一则专务修己治人，不求高远；一则顾亭林所讥"明心见性"之儒是矣。明心见性，亭林所以讥阳明学派者，惟言之太过，不如谓尽心知性为妥。修己治人之儒不求超出人格，明心见性，则超出人格矣。

汉以后专论修己治人者，隋、唐间有文中子王通，其人有无不可知，假定为有。宋有范文正、仲淹。胡安定、瑗。徐仲车；积。南宋有永嘉派之薛士龙、季宣。陈止斋、傅良。叶水心，适。金华派之吕东莱；祖谦。明有吴康斋、与弼，白沙、阳明均由吴出。罗一峰；伦。清有顾亭林、炎武。陆桴亭、世仪，稍有谈天说性语。颜习斋、元。戴东原。震。此数子者，学问涂径虽不同，安定修己之语多，治人之语少。仲车则专务修己，不及治人。永嘉诸子偏重治人，东莱亦然。习斋兼务二者。东原初意亦如此，惟好驳斥宋人，致入棘丛。要皆以修己治人为归，不喜高谈心性。此派盖出自荀子，推而上之，则曾子是其先师。

明心见性之儒，首推子思、孟子。唐有李习之，翱。作《复性书》，大旨一依《中庸》。习之曾研习禅宗。一日，问僧某："黑风吹堕鬼国，此语何谓？"僧诃曰："李翱小子，问此何为？"习之不觉怒形于色，僧曰："此即是'黑风吹堕鬼国'。"今观《复性书》虽依《中庸》立论，其实阴袭释家之旨。宋则周濂溪敦颐。开其端。濂溪之学本于寿涯。濂溪以为儒者之教，不应羼杂释理。寿涯教以改头换面，又授以一偈，云："有物先天地，无形本寂寥。能为万象主，不逐四时凋。"此诗语本《老子》"有物混成，先天地生。寂兮寥兮，独立而不改，周行而不殆，可以为天下母，吾不知其名，强字之曰道"一章。"有物先天地"，即"有物混成，先天地生"也。无形本寂寥，即"寂兮寥兮"也。"能为万象主，不逐四时凋"，即"独立不改，周行不殆，可以为天下母"也。寿涯不以佛法授濂溪，而采老子，不识何故。后濂溪为《太极图说》《通书》，更玄之又玄矣。张横渠载。《正蒙》之意，近于回教。横渠陕西人，唐时景教已入中土，陕西有大秦寺，唐时立，至宋嘉祐时尚在，故横渠之言或有取于彼。其云"清虚一大之谓天"，似回教语，其云"民吾同胞，物吾与也"，则似景教。人谓《正蒙》之旨，与墨子兼爱相同。墨子本与基督教相近也。然横渠颇重礼教，在乡拟兴井田，虽杂景教、回教意味，仍不失修己治人一派之旨。此后有明道、程颢。伊川程颐。世所称二程子者。伊川天资不如明道，明道平居燕坐，如泥塑木雕，此非习佛家之止观，或如佛法所称有宿根耳。受濂溪之教，专寻孔、颜乐处，一生得力，从无忧虑，实已超出人格。著《定性书》，谓"不须防检力索，自能从容中道"。以佛法衡之，明道殆入四禅八定地矣。杨龟山、时。李延平侗。传之，数传而为朱晦庵。熹。龟山取佛法处多，天资高于伊川，然犹不逮谢上蔡。良佐。上蔡为二程弟子天资最高者。后晦庵一派，不敢采取其说，以其近乎禅也。龟山较上蔡为有范围，延平范围渐小。迨晦庵出，争论乃起。时延平以默坐澄心体认天理教晦庵。此亦改头换面语，实即佛法之止观。晦庵读书既多，言论自富，故陆象山、九渊。王阳明守仁。讥为支离。阳明有朱子晚年定论之说，据《与何叔京一书》。书大意谓但因良心发现之微，猛省提撕，使心不昧，即为学者下功夫处。由今考之，此书乃晦庵三四十岁时作，非真晚年。晚年定论，乃阳明不得已之语，而东原非之，以为堕入释氏。阳明以为高者，东原反以为岐。实则晦庵恪守师训，惟好胜之心不自克，不得不多读书，以资雄辩，虽心知其故，而情不自禁也。至无极、太极之争，非二家学问之本，存而不论可矣。象山主太极之上无无极，晦庵反之，二人由是哄争。晦庵谓如曰未然，则各尊所闻，各行所知。象山答云：通人之过虽微，箴药久当自悟。盖象山稍为和平矣。

宋儒出身仕宦者多，微贱起家者少。唯象山非簪缨之家，象山家开药肆。其学亦无师承。常以为二程之学，明道疏通，伊川多障。晦庵行辈高出象山，论学则不逮。象山主先立乎其大者，宋人为学入手之功各有话头，濂溪主静，伊川以后主敬，象山则谓先立乎其大者。不以解经为重，谓"六经注我，我不注六经"。顾经籍烂熟，行文如汉人奏议，多引经籍，虽不如晦庵之尽力注经，亦非弃经籍而不读也。其徒杨慈湖，简，慈湖成进士为富阳主簿时，象山犹未第。至富阳，慈湖问"何谓本心"？象山曰："君今日所断扇讼，彼讼扇者必有一是有一非，若见得孰是孰非，即决定为某甲是某乙非，非本心而何？"慈湖亟问曰："止如斯耶？"象山厉声答曰："更何有也！"慈湖退，拱坐达旦，质明，纳拜遂称弟子。作《绝四记》，多参释氏之言，然以意为意识，不悟其为意根，则于佛法犹去一间。又作《己易》，以为易之消息，不在物而在己，己即是易。又谓衣冠礼乐，取妻生子，学周公、孔子，知其余不学周孔矣。既没，弟子称之曰"圆明祖师"。不知慈湖自称，抑弟子尊之云尔。宋儒至慈湖，不讳佛如此。然犹重视礼教，无明人猖狂之行。盖儒之有礼教，亦犹释之有戒律。禅家呵佛骂祖，猖狂之极，终不失僧人戒律。象山重视礼教，弟子饭次交足，讽以有过。慈湖虽语言开展，亦守礼惟谨，故其流派所衍，不至如李卓吾辈之披猖也。

明儒多无师承。吴康斋与薛敬轩瑄。同时，敬轩达官，言语谨守矩矱，然犹不足谓为修己治人一流。英宗复辟，于谦凌迟处死，敬轩被召入议，但谓三阳发生，不可用重刑，诏减一等。凌迟与斩，相去几何？敬轩于此固当力争，不可则去，乌得依违其间如此哉！此事后为刘蕺山所斥。康斋父溥，建文时为国子司业。燕师围金陵，康斋年十二，闻胡广语独激昂，以为胡叔能死大佳。溥谓广不忍杀一猪，必不能杀身。然己亦未尝死节。康斋之躬耕不仕，殆以此故。敬轩之学不甚传，而康斋之传甚广。陈白沙（献章）即其弟子，又有娄一斋（谅）以其学传阳明。白沙之学传湛甘泉（若水）。其后王、湛两家之传最广，皆自康斋出也。康斋安贫乐道，无超过人格语。白沙讲学，不作语录，不解经，亦无论道之文，惟偶与人书，或托之于诗，常称曾点浴沂风雩之美，而自道工夫，则谓静中养出端倪。端倪一语，刘蕺山谓为含胡，其实孟子有四端之说，四端本不甚著，故须静中养之。亦复时时静坐，然犹不足以拟佛法，盖与四禅八定近耳。弟子湛甘泉若水。与阳明同时。阳明成进士，与甘泉讲学，甚相得，时阳明学未成也。阳明幼时，尝与铁柱宫道士交契，三十服官之后，入九华山，又从道士蔡蓬头问道。及为龙阳驿丞，忧患困苦之余，忽悟知行合一之理。谓宋儒先知后行，于事未当。所谓"如恶恶臭"、"如好好色"，即知即行，非知为好色而后好之，知为恶臭而后恶之也。其致良知之说，在返自龙场之后，以为昔人之解致知格物，非惟朱子无当，司马温公辈亦未当。温公以格为格杀勿论之格。然物来即格之，惟深山中头陀不涉人事者为可，非所语于常人也。朱子以"穷知事物之理"为格物，宋人解格物者均有此意，非朱子所创也。阳明初信之，格竹三日而病，于是斥朱子为非是。朱子之语，包含一切事物之理。一切事物之理，原非一人之知所能尽，即格竹不病，亦与诚意何关？以此知阳明之斥朱子为不误。然阳明以为格当作正字解，格物者，致良知以正物。物即心中之念，致良知，则一转念间，知其孰善孰恶，去其恶，存其善，斯意无不诚。余谓阳明之语虽踔，顾与《大学》原文相反。《大学》谓"物格而后致知"，非谓"致知而后物格"。朱子改窜《大学》，阳明以为应从古本，至解格物致知，乃颠倒原文，又岂足以服朱子之心哉？后朱派如吕泾野（柟）辈谓"作止语默皆是物"，实袭阳明之意，而引伸之。顾亭林谓："为人君止于仁，为人臣止于敬，为人子止于孝，为人父止于慈，与国人交止于信"，斯即格物。皆与阳明宗旨不同，而亦不采朱子穷至事物之理之说。然打破朱子之说，不可谓非阳明之力也。

格物致知之说，王心斋艮。最优。心斋为阳明弟子，心斋初为盐场灶丁，略读四书，制古衣冠大带笏板服之，曰："言尧之言，行尧之行，而不服尧之服，可乎？"或闻其论，曰："此绝类王巡抚之谈学也。"时阳明巡抚江西，心斋即往

王阳明像

谒，古服举笏，立于中门，阳明出迎于门外。始入据上坐，辩难久之，心折，移坐于侧，论毕，下拜称弟子。明日复见，告之悔，复上坐辩难久之，乃大服，卒为弟子。本名银，阳明为改曰艮。读书不多，反能以经解经，义较明白。谓《大学》有"物有本末，事有终始，知所先后，则近道矣"语。致知者，知事有终始也，格物者，知物有本末也。格物致知，原系空文，不必强为穿凿。是故诚意是始，平天下是终，诚意是本，平天下是末，知此即致知矣。刘蕺山宗周。等崇其说，称之曰："淮南格物论，谓是致知格物之定论。"盖阳明读书多，不免拖沓，心斋读书少，心斋入国子监，司业问"治何经"？曰："我治总经。"又作《大成歌》，亦有寻孔颜乐处之意，有句云："学是学此乐，乐是乐此学。"故能直截了当，斩除葛藤也。心斋解"在止于至善"，谓身名俱泰，乃为至善，杀身成仁，便非至善。其语有似老子。而弟子颜山农、钧。何心隐辈，猖狂无度，自取戮辱之祸，乃与师说相反。清人反对王学，即以此故。颜山农颇似游侠，后生来见，必先享以三拳，能受乃可为弟子。心隐本名梁汝元，从山农时，亦曾受三拳而心终不服，知山农狎妓，乃伺门外，山农出，以三拳报之。此诚非名教所能羁络矣。山农笃老而下狱遣戍，心隐卒为张江陵所杀。江陵为司业，心隐问曰："公居太学，知《大学》道乎？"江陵目摄之，曰："尔意时时欲飞，欲飞不起。"江陵去，心隐曰："是夫异日必当国，必杀我。"时政由严氏，而世宗幸方士蓝道行，心隐侦知嵩有揭帖，嘱道行假乱神降语："今日当有一奸臣言事。"帝迟之，而嵩揭帖至，由此疑嵩。御史邹应龙避雨内侍家，侦知其事，因抗疏极论嵩父子不法，严氏遂败。江陵当国，以心隐术足以去宰相，为之心动，卒捕心隐下狱死。盖王学末流至颜、何辈而使人怖畏矣。

阳明破宸濠，弟子邹东廓守益。助之，而欧阳南野、德。聂双江豹。辈，则无事功可见。双江主兵部，《明史》赞之曰："豹也碌碌，弥不足观。"盖皆明心见性，持位保宠，不以政事为意。湛甘泉为南京吏部尚书亦然。罗念庵洪先。辞官后，入山习静，日以晏坐为事，谓"理学家辟佛乃门面语，周濂溪何尝辟佛哉？"阳明再传弟子，万思默、廷言。王塘南、时槐。胡正甫、直。邓定宇以赞。官位非卑，亦无事功可见。思默语不甚奇，日以晏坐为乐。塘南初曾学佛，亦事晏坐，然所见皆高于阳明。塘南以为一念不动，而念念相续，此即生生之机不可断之意。一念不动，念念相续，即释家所谓阿赖耶识，释家欲转阿赖耶以成涅槃，而王学不然，故仅至四禅四空地。思默自云静坐之功，若思若无思，则与佛法中非想非非想契合，即四空天中之非想非非想天耳。定宇语王龙溪畿。曰："天也不做他，地也不做他，圣人也不做他。"张阳和元忭。谓此言骇听。定宇曰："毕竟天地也多动了一下，此是不向如来行处行手段。"正甫谓"天地万物，皆由心造"，独契释氏旨趣。前此理学家谓天地万物与我同体，语涉含混，不知天地万物与我孰为宾主，孟子"万物皆备于我"之说亦然。皆不及正甫之明白了当。梨洲驳之，反为支离矣。甘泉与阳明并称，甘泉好谈体认天理。人有不成寐者，问于甘泉。甘泉曰："君恐未能体认天理耳。"阳明讥甘泉务外，甘泉不服，谓心体万物而无遗，何外之有？后两派并传至许敬庵，孚远。再传而为刘蕺山。宗周。蕺山绍甘泉之绪，而不甚心服。三传而为黄梨洲。宗羲。梨洲余姚人，蕺山山阴人。梨洲服膺阳明而不甚以蕺山为然，盖犹存乡土之见。蕺山以常惺惺为教。常惺惺者，无昏愦时之谓也，语本禅宗，非儒家所有。又蕺山所以不同于阳明者，自阳明之徒王心斋以致知为空文，与心意二者无关，而心意之别未明也。心斋之徒王一庵栋。以为意乃心之主宰，即佛法意根。于是意与心始别，蕺山取之，谓诚意者，诚其意根，此与阳明不同者也。然蕺山此语，与《大学》不合。《大学》语语平实，不外修己治人。明儒强以明心见性之语附会，失之远矣。诚其意根者，即堕入数论之神我，意根愈诚，则我见愈深也。余谓《中庸》"诚者物之终始"、"不诚无物"二语甚确，盖诚即迷信之谓。迷信自己为有，迷信世界万物为有，均迷信也。诚之为言，无异佛法所称无明。信我至于极端，则执一切为实有。无无明则无物，故曰"不诚无物"。《中庸》此言，实与释氏之旨符合。惟下文足一句曰"是故，君子诚之为贵"，即与释氏大相径庭。盖《中庸》之言，比于婆罗门教，所谓"参天地，赞化育"者，是其极致，乃入摩醯首罗天王一流也。儒、释不同之处在此，儒家虽采佛法，而不肯放弃政治社会者亦在此。若全依释氏，必至超出世间，与中土素重世间法者违反。是故明心见性之儒，谓之为禅，未尝不可。惟此所谓禅，乃四禅八定，佛家与外道共有之禅，不肯打破意根者也。昔欧阳永叔谓"孔子罕言性，性非圣人之所重"，此言甚是。儒者若但求修己治人，不务谈天说性，则譬之食肉不食马肝，亦未为不知味也。

儒者修己之道，《儒行》言之甚详，《论语》亦有之，曰"行己有耻"，曰"见利思义，见危授命"。修己之大端，不过尔尔。范文正开宋学之端，不务明心见性而专尚气节，首斥冯道之贪恋。《新五代史》之语，永叔袭文正耳。其后学者渐失其宗旨，以气节为傲慢而不足尚也，故群以极深研几为务，于是风气一变。国势之弱，职此之由。宋之亡，降臣甚多，其明证也。明人之视气节，较宋人为重。亭林虽诮明心见性之儒，然入清不仕，布衣终身，信可为百世师表。夫不贵气节，渐至一国人民都无豪迈之气，奄奄苟活，其亡岂可救哉！清代理学家甚多，然在官者不可以理学论。汤斌、杨名时、陆陇其辈，江郑堂《宋学渊源记》所不收，其意良是。何者？炎黄之胄，而服官异族，大节已亏，尚得以理学称哉？若在野而走入王派者，则有李二曲、颐。黄梨洲。宗羲。其反对王派者，今举顾亭林、王船山、夫之。陆桴亭、颜习斋、戴东原五家论之。此五家皆与王派无关，而又非拘牵朱派者也。梨洲、二曲虽同祖阳明，而学不甚同。梨洲议论精致，修养不足；二曲教人以悔过为始基，以静坐为入手。李天生因笃，陆派也。之友欲从二曲学，中途折回，天生问故，曰："人谓二曲王学之徒也。"二曲闻之叹曰："某岂王学乎哉！"盖二曲虽静坐观心，然其经济之志，未曾放弃。其徒王心敬尔缉。即以讲求区田著称。此其所以自异于王学也。梨洲弟子万季野斯同。治史学，查初白慎行。为诗人，并不传其理学。后来全谢山祖望。亦治史学，而于理学独推重慈湖，盖有乡土之见焉。

　　阳明末流，一味猖狂，故清初儒者皆不愿以王派自居。顾亭林首以明心见性为诟病。亭林之学，与宋儒永嘉派不甚同，论其大旨，亦以修己治人为归。亭林研治经史最深，又讲音韵、地理之学，清人推为汉学之祖。其实后之为汉学者，仅推广其《音学五书》，以讲小学耳。其学之大体则未有步趋者也。惟汪容甫中。颇有绍述之意，而日力未及。观容甫《述学》但考大体，不及琐碎，此即亭林矩矱。然亭林之学，枝叶蔚为大国，而根本不传者，亦因种族之间，言议违禁，故为人所忌耳。《四库提要》称其音韵之学，而斥经世之学为迂阔，其意可知。种族之见，亭林胜于梨洲。梨洲曾奉鲁王命乞师日本，后遂无闻焉，亭林则始终不渝。今通行之《日知录》，本潘次耕未。所刻，其中胡字虏字或改作外国，或改作异域，"我朝"二字亦被窜易。《素夷狄行乎夷狄》一条，仅存其目。近人发见雍正时抄本，始见其文，约二千余言，大旨谓孔子云"居处恭，执事敬，与人忠，虽之夷狄不可弃也"。

此之谓"素夷狄行乎夷狄"，非谓臣事之也。又言管仲大节有亏而孔子许之者，以管仲攘夷，过小而功大耳。以君臣之义，较夷夏之防，则君臣之义轻，而夷夏之防重，孔子所以亟称之也。又《胡服》一条刻本并去其目，忌讳之深如此，所以其学不传。亭林于夷夏之防，不仅腾为口说，且欲实行其志，一生奔驰南北，不遑宁居，到处开垦，隐结贤豪，凡为此故也。山东、陕西、山西等处，皆有其屯垦之迹，观其意殆欲于此作发展计。汉末田子泰或作田子春，名畴。躬耕徐无山，今河北玉田县。百姓归之者五千余家。子泰为定法律，制礼仪，兴学校，众皆便之。乌丸、鲜卑并遣译致贡。常忿乌丸贼杀冠盖，有欲讨之意。而曹操北征，子泰为向导，遂大斩获，追奔逐北。使当时无曹操，则子泰必亲自攘夷矣。亭林之意，殆亦犹是。船山反对王学，宗旨与横渠相近，曾为《正蒙》作注。盖当时王学猖狂，若以程朱之学矫之，反滋纠纷，唯横渠之重礼教乃足以惩之。船山之书，自说经外，祇有钞本，得之者世袭珍藏，故《黄书》流传甚广，而免于禁网也。船山论夷夏之防，较亭林更为透澈，以为六朝国势不如北魏远甚，中间又屡革命，而能支持三百年之久者，以南朝有其自立精神故也。南宋不及百六十年，未经革命，而亡于异族，即由无自立精神故也。此说最中肯綮。然有鉴于南宋之亡，而谓封建藩镇，可以抵抗外侮，此则稍为迂阔。特与六朝人主封建者异趣。六朝人偏重王室，其意不过封建亲戚以为藩屏而已。船山之主封建，乃从诸夏夷狄着想，不论同姓异姓，但以抵抗外侮为主，此其目光远大处也。要之船山之学，以政治为主，其理学亦不过修己治人之术，谓之骈枝可也。

陆桴亭《思辨录》，亦无过修己治人之语，而气魄较小。其论农田水利，亦尚有用。顾足迹未出江苏一省，故其说但就江苏立论，恐不足以致远。

北方之学者，颜、习斋。李、刚主。王、昆绳。刘继庄。并称，而李行辈略后。习斋之意，以为程、朱、陆、王都无甚用处，于是首举《周礼》乡三物以为教，谓《大学》格物之物，即乡三物之物。其学颇见切实。盖亭林、船山但论社会政治，却未及个人体育。不讲体育，不能自理其身，虽有经世之学，亦无可施。习斋有见于此，于礼、乐、射、御、书、数中，特重射、御，身能盘马弯弓，抽矢命中，虽无反抗清室之语，而微意则可见也。昆绳、刚主，亦是习斋一流，惟主张井田，未免迂腐。继庄精舆地之学。《读史方舆纪要》之作，继庄周游四方，观察形势，顾景范考索典籍，援古证今，二人联作，乃能成此巨著。其后徐乾学修《一统志》，开馆洞庭山，招继庄纂修，继庄首言郡县宜记经纬度，故《一统志》每府必记北极测地若干度。此事今虽习见，在当时实为创获。

大概亭林、船山，才兼文武，桴亭近文，习斋近武。桴亭可使为地方官，如省长之属，习斋可使为卫戍司令。二人之才不同，各有偏至，要皆专务修己治人，无明心见性之谈也。

东原不甘以上列诸儒自限，作《原善》《孟子字义疏证》。其大旨有二：一者，以为程、朱、陆、王均近禅，与儒异趣；一者，以为宋儒以理杀人，甚于以法杀人。盖雍、乾间，文字之狱，牵累无辜，于法无可杀之道，则假借理学以杀之。东原有感于此，而不敢正言，故发愤为此说耳。至其目程、朱、陆、王均近禅，未免太过。象山谓"六经注我，我不注六经"，乃扫除文字障之谓，不可谓之近禅。至其驳斥以意见为理，及以理为如有物焉得于天而具于心之说，只可以攻宋儒，不足以攻明儒。阳明谓理不在心外，则非如有物焉，凑泊附著于气之谓也。罗整庵钦顺。作《困知记》，与阳明力争理气之说，谓宋人以为理之外有气，理善气有善有不善。夫天地生物，惟气而已，人心亦气耳。所谓理者，气之流行而有秩序者也，非气之外更有理也，理与气不能对立。东原之说盖有取于整庵。然天理人欲语见《乐记》，《乐记》本谓穷人欲则天理灭，不言人欲背于天理也。而宋儒则谓理与欲不能并立，于是东原谓天理即人欲之有节文者，无欲则亦无理，此言良是，亦与整庵相近。惟谓理在事物而不在心，则矫枉太过，易生流弊。夫能分析事物之理者，非心而何？安得谓理在事物哉？依东原之说，则人心当受物之支配，丧其所以为我，此大谬矣。至孟子"性善"之说，宋儒实未全用其旨。程伊川、张横渠皆谓人有义理之性，有气质之性。义理之性善，气质之性不善。东原不取此论，谓孟子亦以气质之性为善，以人与禽兽相较而知人之性善，禽兽之性不善。孟子有"人之所以异于禽兽者几希"语。余谓此实东原之误。古人论性，未必以人与禽兽比较。详玩《孟子》之文，但以五官与心对待立论。《孟子》云："从其大体为大人，从其小体为小人"，"耳目之官不思而蔽于物，物交物，则引之而已矣。心之官则思，思则得之，不思则不得也。"其意殆谓耳目之官不纯善，心则纯善。心纵耳目之欲，是养其小体。耳目之欲受制于心，是养其大体也。今依生理学言之，有中枢神经，有五官神经。五官不能谓之无知，然仅有欲而不知义理，惟中枢神经能制五官之欲，斯所以为善耳。《孟子》又云："口之于味，目之于色，耳之于声，鼻之于臭，四肢之于安佚，性也。有命焉，君子不谓性也。"是五官之欲固可谓之性。以有心为之主宰，故不以五官之欲为性，而以心为性耳。由此可知孟子亦不谓性为纯善，惟心乃纯善。东原于此不甚明白，故不取伊川、横渠之言，而亦无以解《孟子》之义。由今观之，孟、荀、杨三家论性虽各不同，其实可通。孟子不以五官之欲为性，此乃不得已之论，如合五官之欲与心而为言，亦犹杨子所云善恶混矣。孟子谓恻隐、羞恶、辞让、是非四端，性所具有。荀子则谓人生而有好利焉，顺是则争夺生而辞让亡矣。是荀子以辞让之心，非性所本有，故人性虽具恻隐、羞恶、是非三端，不失其为恶。然即此可知荀子但云性不具辞让之心，而不能谓性不具恻隐、羞恶、是非之心。是其论亦同于善恶混也。且荀子云："涂之人皆可以为禹。"孟子云："人皆可以为尧舜。"是性恶性善之说殊涂同归也。荀子云："人皆有可以知仁义法正之质，皆有可以能仁义法正之具。"孟子云："乃若其情则可以为善矣，乃所谓善也。"此其语趣尤相合。孟子性善之说似亦略有变迁，可以为善曰性善，则与本来性善不同矣。虽然，孟子曰："仁、义、礼、知，非由外铄我也，我固有之也。"荀子则谓"礼义法度，圣人所生，必待圣人之教，而后能化性起伪。"此即外铄之义，所不同者在此。

韩退之《原性》有上中下三品说。前此王仲任《论衡》记周人世硕之言，谓人性有善有恶。举人之善性，养而致之则善长，举人之恶性，养而致之则恶长，故作《养书》一篇。又言宓子贱、漆雕开、公孙尼子之徒，亦论情性，与世子相出入。又孔子已有"生而知之者上，学而知之者次，困而学之又其次，困而不学民斯为下"语。如以性三品说衡荀子之说，则谓人性皆恶可也。不然，荀子既称人性皆恶，则所称圣人者，必如宗教家所称之圣人，然后能化性起伪尔。是故，荀子虽云性恶，当兼有三品之义也。

告子谓"性无善，无不善"，语本不谬，阳明亦以为然。又谓"生之谓性"，亦合古训。此所谓性，即阿赖耶识。佛法释阿赖耶为无记性，无善无恶。而阿赖耶之义即生理也。古人常借生为性字。《孝经》"毁不灭性"，《左传》"民力凋尽，莫保其性"皆是。《庄子》云："性者生之质也。"则明言生即性矣。故"生之谓性"一语，实无可驳。而孟子强词相夺，驳之曰："犬之性犹牛之性，牛之性犹人之性欤？"若循其本，性即生理。则犬之生与牛之生，牛之生与人之生，有何异哉？至杞柳桮棬之辨，孟子之意谓戕贼杞柳以为桮棬可，戕贼人以为仁义不可。此因告子不善措辞，致受此难。如易其语云：性犹金铁也，义犹刀剑也，以人性为仁义，犹以金铁为刀剑，则孟子不能谓之戕贼矣。

东原以孟子举犬性、牛性、人性驳告子，故谓孟子性善之说，据人与禽兽比较而为言。余谓此非孟子本旨，但一时口给耳。后人视告子如外道，或曰异端，或曰异学。其实儒家论性，各有不同，赵邠卿注《孟子》，言告子兼治儒、墨之学。邠卿见《墨子》书亦载告子，《墨子》书中之告子与孟子所见未必为一人，以既与墨子同时，不得复与孟子同时也。故为是言。不知《墨子》书中之告子，本与墨子异趣，不得云兼治儒、墨之学也。宋儒以告子为异端，东原亦目之为异端，此其疏也。

《孟子字义疏证》一书，惟说理气语不谬，大旨取罗整庵。论理与欲亦当。至阐发性善之言，均属难信。其后承东原之学者，皆善小学、说经、地理诸学，惟焦里堂循。作《孟子正义》，不得不采《字义疏证》之说。近黄式三亦有发挥东原之言。要之东原之说，在清儒中自可卓然成家，若谓可以此推倒宋儒，段若膺作挽词有"孟子之功不在禹下"语，太过。则未敢信也。

道咸间方植之东树。作《汉学商兑》，纠弹东原最力。近胡适尊信东原之说，假之以申唯物主义。然"理在事物而不在心"一语，实东原之大谬也。

诸子略说（下）

数道家当以老子为首。《汉书·艺文志》道家首举《伊尹》《太公》，然其书真伪不可知，或出后人依托。《管子》之书，可以征信，惟其词意繁富，杂糅儒家、道家，难寻其指归。太史公言其"善因祸而为福，转败而为功"。盖《管子》之大用在此。黄老并称，始于周末，盛行于汉初。如史称环渊学黄老道德之术，陈丞相少时好黄帝、老子之术，胶西有盖公善治黄老言，窦太后好黄帝老子言，王生处士善为黄老言。然黄帝论道之书，今不可见。《儒林传》黄生与辕固争论汤武革命，曰："冠虽敝必加于首，履虽新必贯于足。"其语见《太公六韬》。然今所传《六韬》不可信，故数道家当以老子为首。

《庄子·天下》篇自言与老聃、关尹不同道。老子多政治语，庄子无之。庄子多超人语，老子则罕言。虽大旨相同，而各有偏重，所以异也。《老子》书八十一章，或论政治，或出政治之外，前后似无统系。今先论其关于政治之语。

老子论政，不出因字，所谓"圣人无常心，以百姓心为心"是也。严几道复。附会其说，以为老子倡民主政治。以余观之，老子亦有极端专制语，其云"鱼不可脱于渊，国之利器不可以示人"，非极端专制而何？凡尚论古人，必审其时世。老子生春秋之世，其时政权操于贵族，不但民主政治未易言，即专制政治亦未易言。故其书有民主语，亦有专制语，即孔子亦然。在贵族用事之世，唯恐国君之不能专制耳。国君苟能专制，其必有愈于世卿专政之局，故曰"鱼不可脱于渊，国之利器不可以示人"。然此二语法家所以为根本。

太史公以老子、韩非同传，于学术源流，最为明了。韩非解老、喻老而成法家，然则法家者，道之别子耳。余谓老子譬之大医，医方众品并列，指事施用，都可疗病。五千言所包亦广矣，得其一术，即可以君人南面矣。

汉文帝真得老子之术者，故太史公既称孝文好道家之学，以为繁礼饰貌无益于治，又称孝文帝本好刑名之言。盖文帝貌为玄默躬化，其实最擅权制。观夫平、勃诛诸吕，使使迎文帝，文帝入，即夕拜宋昌为卫将军，领南北军，以张武为郎中令，行殿中。其收揽兵权，如此其急也。其后贾谊陈《治安策》，主以众建诸侯而少其力，文帝依其议，分封诸王子为列侯。吴太子入见，侍皇太子饮博，皇太子引博局提杀之，吴王怨望不朝，而文帝赐之几杖，盖自度能制之也。且崩时，诫景帝，"即有缓急，周亚夫真可任将兵"。盖知崩后，吴、楚之必反也。盖文帝以老、庄、申、韩之术合而为一，故能及此。然谓"周云成康，汉言文景"，则又未然。成康之世，诸侯宗周，文帝之世，诸侯王已有谋反者，非用权谋，乌足以制之？知人论世，不可同年而语矣。

后人往往以宋仁宗拟文帝，由今观之，仁宗不如文帝远甚。虽仁厚相似，而政术则非所及也。仁宗时无吴王叛逆之事，又文帝之于匈奴，与仁宗之于辽、西夏不同。仁宗一让之后，即议和纳币，无法应付，文帝则否，目前虽似让步，却能养精蓄锐，以备大举征讨，故后世有武帝之武功。周末什一而税，以致颂声。然汉初但十五而取一，高帝、惠帝皆然。文帝出，常免天下田租，或取其半，则三十而税一矣。

又以缇萦上书而废肉刑，此二事可谓仁厚。然文帝有得于老子之术。老子之术，平时和易，遇大事则一发而不可当。自来学老子而至者，惟文帝一人耳。

《老子》书中有权谋语，"将欲歙之，必固张之；将欲弱之，必固强之；将欲废之，必固兴之；将欲夺之，必固与之"是也。凡用权谋，必不明白告人。而老子笔之于书者，以此种权谋，人所易知故尔。亦有中人权谋而不悟者，故书之以为戒也。

历来承平之世，儒家之术，足以守成，戡乱之时，即须道家，以儒家权谋不足也。凡戡乱之傅佐，如越之范蠡，与老子同时，是时老子书恐尚未出。汉初之张良、陈平，二人纯与老子相似。张良尝读《老子》与否不可知，陈平本学黄老。唐肃宗时之李泌，皆有得于老子之道。盖拨乱反正非用权谋不可，老子之真实本领在此。然即"无为而无不为"一语观之，恐老子于承平政事亦优为之，不至如陈平之但说大话。文帝问右丞相周勃："天下一岁决狱几何？"勃谢不知。问"天下钱谷一岁出入几何？"勃又谢不知，惶愧汗出浃背。帝问左丞相陈平，平曰："有主者。"帝曰："君所主者何事？"平曰："宰相上佐天子理阴阳顺四时，下遂万物之宜，外镇抚四夷诸侯，内亲附百姓，使卿大夫各得任其职焉。"盖周勃武夫非所能对，陈平粗疏亦不能对也。承平而用老子之术者，文帝之前曹参曾用盖公，日夜饮酒而不治事，以为法令既明，君上垂拱而臣下守职，此所谓"无为而无不为也"。至于晋人清谈，不切实用，盖但知无为，而不知无不为矣。

至于老子之道最高之处，第一看出"常"字，第二看出"无"字，第三发明"无我"之义，第四倡立"无所得"三字，为道德之极则。《老子》首章云："道可道，非常道。名可名，非常名。"常道、常名，王《注》不甚明白，韩非《解老》，则言之憭然。谓"物之一存一亡，乍死乍生，初盛而后衰者，不可谓常；唯与天地之剖判也俱生，至天地之消散也不死不衰者，谓常。"盖常道者，不变者也。《庄子·天下》篇称"老聃建之以常无有，主之以太一"。常无有者，常无、常有之简语也。《老子》曰："常无欲以观其妙，常有欲以观其徼。"又云："无名天地之始，有名万物之母。"无名故为常，有名故非常。徼者，边际界限之意。夫名必有实，实非名不彰，撤去界限，则名不能立，故云"常有欲以观其徼"也。圣人内契天则，故常无以观其妙，外施于事，故常有以观其徼。建之以常无有者，此之谓也。

《老子》云："天下万物生于有，有生于无。"后之言佛法者，往往以此斥老子为外道，谓"无何能生有？"然非外道也。《说文》："无，奇字無也，通于元者，虚无，道也。"《尔雅》："元，始也。"夫万物实无所始。《易》曰"大哉乾元"，"首出庶物"，是有始也。又曰"见群龙无首"，"天德不可为首"，则无始也。所谓有始者，毕竟无始也。庄子论此更为明白，云："有始也者，有未始有始也者，有未始有夫未始有始也者。"《说文系传》云："无通于元者，即未始有始之谓也。"又佛法有缘起之说，唯识宗以阿赖耶识为缘起，《起信论》以如来藏为缘起。二者均有始。而《华严》则称无尽缘起，是无始也。其实缘起本求之不尽，无可奈何，乃立此名耳。本无始，无可奈何称之曰始，称之曰始，未必纯是，无可奈何又称之曰无始。故曰无通于元。儒家无极太极之说，意亦类是。故老子曰："天下万物，生于有，有生于无。"语本了然，非外道也。

无我之言，《老子》书中所无，而《庄子》详言之。太史公《孔子世家》："老子送孔子曰：为人臣者毋以有己，为人子者毋以有己。"二语看似浅露，实则含义宏深。盖空谈无我，不如指切事状以为言，其意若曰一切无我，固不仅言为人臣、为人子而已。所以举臣与子者，就事说理，《华严》所谓事理无碍矣。于是孔子退而有犹龙之叹。夫唯圣人为能知圣，孔子耳顺心通，故闻一即能知十。其后发为"毋意、毋必、毋固、毋我"之论，颜回得之而克己。此如禅宗之传授心法，不待繁词，但用片言只语，而明者自喻。然非孔子之聪明睿知，老子亦何从语之哉！老子语孔子之言，《礼记·曾子问》篇载三条，皆礼之粗迹，其最要者在此。至无我、克己之语，则《庄子》多有之。

《德经》以上德下德开端，是否《老子》原书编次如此，今不可知。云："上德不德，是以有德；下德不失德，是以无德。"德者得也，不德者，无所得也。无所得乃为有德，其旨与佛法归结于无所得相同，亦与文王视民如伤，望道而未之见符合。盖道不可见，可见即非道。望道而未之见者，实无有道也。所以望之者，立文不得不如此耳，其实何尝望也。佛家以有所见为所知障，又称理障。有一点智识，即有一点所知障。纵令理想极高，望去如有物在，即所知障也。今世讲哲学者不知此义，无论剖析若何精微，总是所知障也。《老子》谓："玄之又玄，众妙之门。"玄之一字，于老子自当重视。然老子又曰"涤除玄览"，玄且非扫除不可，况其他哉。亦有极高极深之理，自觉丝毫无谬，而念念不舍，心存目想，即有所得，即所谓所知障，即不失德之下德也。孔子云："吾有知乎哉？无知也。"无知故所知障尽。颜子语孔子曰："回益矣，忘仁义矣。"孔子曰："可矣，犹未也。"它日复见曰："回益矣，忘礼乐矣。"孔子曰："可矣，犹未也。"它日复见曰："回益矣，坐忘矣。"孔子乃称："而果其贤乎！丘请从而后。"盖坐忘者，一切皆忘之谓，即无所得之上德也。此种议论，《老子》书所不详，达者观之立喻，不达者语之而不能明。非如佛书之反复申明，强聒而不舍。盖儒以修己治人为本，道家君人南面之术，亦有用世之心。如专讲此等玄谈，则超出范围，有决江救涸之嫌。故略示其微而不肯详说，否则其流弊即是清谈。非惟祸及国家，抑且有伤风俗，故孔、老不为也。印度地处热带，衣食之忧，非其所急，不重财产，故室庐亦无多用处，自非男女之欲，社会无甚争端，政治一事，可有可无，故得走入清谈一路而无害。中土不然，衣食居处，必赖勤力以得之，于是有生存竞争之事。团体不得不结，社会不得不立，政治不得不讲。目前之急，不在乎"有我"、"无我"，乃在衣食之足不足耳。故儒家、道家，但务目前之急，超出世间之理，不欲过于讲论，非智识已到修养已足者，不轻为之语也。此儒、道与释家根本虽同，而方法各异之故也。

六朝人多以老庄附佛法，如僧佑《宏明集》之类。而玄奘以为孔、老两家，去佛甚远，至不肯译《老子》，恐为印度人所笑。盖玄奘在佛法中为大改革家，崇拜西土，以为语语皆是，而中国人语都非了义。以玄奘之智慧，未必不能解孔子、老子之语，特以前人注解未能了然，虽或浏览，不足启悟也。南齐顾欢谓孔、老与佛法无异，中国人只须依孔、老之法，不必追随佛法，虽所引不甚切当，而大意则是。《南齐书》五十四载欢之论曰："国师、道士，无过老庄；儒林之宗，孰出周孔？若孔老非佛，谁则当之？二经所说，如合符契，道则佛也，佛则道也。其圣则符，其迹则反。"又云："理之可贵者，道也，事之可贱者，俗也。舍华效夷，义将安取？"至"老子化胡"，乃悠谬之语。人各有所得，奚必定由传授也。

道士与老子无关，司马温公已见及此。道士以登仙为极则，而庄子有齐死生之说，又记老聃之死，正与道士不死之说相反也。汉武帝信少翁、栾大、李少君之属，以求神仙，当时尚未牵合神仙、老子为一。《汉书·艺文志》以神仙、医经、经方同入方技，可证也。汉末张道陵注《老子》，《宏明集》引。其孙鲁亦注《老子》，曰想尔注《老子》。"想尔"二字不可解。以老子牵入彼教，殆自此始。后世道士，乃张道陵一派也。然少翁辈志在求仙，道陵亦不然，仅事祈祷。或用符箓捉鬼，谓之劾禁。盖道士须分两派，一为神仙家，以求长生、觊登仙为务；一为劾禁家，则巫之余裔也。北魏寇谦之出，道士之说大行。近代天师打醮画符降妖而不求仙，即是劾禁一派。前年，余寓沪上，张真人过访，余问炼丹否？真人曰："炼丹须清心寡欲。"盖自以不能也。

《艺文志》

梁陶宏景为《本草》作注，又作《百一方》，而专务神仙。医家本与神仙家相近，后世称陶氏一派曰茅山派，张氏一派曰龙虎山派。

二派既不同，而炼丹又分内丹、外丹二派。《抱朴子》载炼丹之法，唐人信之，服大还而致命者不少。后变而为内丹之说，《悟真篇》即其代表。然于古有汉人所作《参同契》，亦著此意。元邱处机，即长春真人，作《西游记》者。亦与内丹相近，白云观道士即此派也，此派又称龙门派。是故今之道士有此三派，而皆与老子无关者也。

神仙家、道家，《隋志》犹不相混。清修《四库》，始混而为一。其实炼丹一派，于古只称神仙家，与道家豪无关系。宋元间人集《道藏》，凡诸子书，自儒家之外，皆被收录。余谓求仙一派，本属神仙家，前已言之。劾禁一派，非但与老子无关，亦与神仙家无关。求之载籍，盖与墨子为近。自汉末至唐，相传墨子有《枕中五行记》。其语与墨子有无关系不可知。《后汉书·刘根传》："根隐居嵩山，诸好事者就根学道。太守史祈，以根为妖妄，收而数之曰：'汝有何术，而诬惑百姓？'根曰：'实无他异，颇能令人见鬼耳。'于是左顾而啸，祈之亡父祖及近亲数十人皆反缚在前，向根叩头。祈惊惧，顿首流血。根默然，忽俱去不知所在。"余按：其术与《墨子·明鬼》相近。刘根得之何人不可知，张道陵之术与刘根近似，必有所受之也。盖劾禁一派虽与老子无关，要非纯出黄巾米贼，故能使晋世士大夫若王羲之、殷仲堪辈皆崇信之也。

庄子自言与老聃之道术不同，"死与生与？天地并与？神明往与？"此老子所不谈，而庄子闻其风而悦之。盖庄子有近乎佛家轮回之说，而老子无之。《庄子》云："若人之形者，万化而未始有极也，其为乐可胜计邪？"此谓虽有轮回而不足惧，较之"精气为物，游魂为变"二语，益为明白。老子但论摄生，而不及不死不生。庄子则有不死不生之说。《大宗师》篇南伯子葵问乎女偊，女偊称卜梁倚守其道，三日而后能外天下；又守之，七日而后能外物；又守之，九日而后能外生。已外生矣，而后能朝彻，朝彻而后能见独，见独而后能无古今，无古今，而后能入于不死不生。天下者，空间也，外天下则无空间观念。物者实体也，外物即一切物体不足撄其心。先外天下，然后外物者，天下即佛法所谓地、水、火、风之器世间，物即佛法所谓有情世间也。已破空间观念，乃可破有情世间，看得一切物体与己无关，然后能外生。外生者犹未能证到不死不生，必须朝彻而见独。朝彻犹言顿悟，见独则人所不见，己独能见，故先朝彻而后能见独。人为时间所转，乃成生死之念。无古今者，无时间观念，死生之念因之灭绝，故能证知不死不生矣。佛家最重现量，阳明亦称留得此心常现在。庄子云无古今，而后能入于不死不生者，亦此意也。南伯子葵、女偊、卜梁倚，其人有无不可知。然其言如此，前人所未道，而庄子盛称之，此即与老聃异趣。老子讲求卫生，《庚桑楚》篇老聃为南荣趎论卫生之经，可见用世涉务必先能卫生。近代曾国藩见部属有病者辄痛诃之，即是此意。《史记·老子列传》称老子寿一百六十余，卫生之效，于此可见。然庄子所以好言不死不生，以彭祖、殇子等量齐观者，殆亦有故。《庄子》书中，自老子而外最推重颜子，于孔子尚有微辞，于颜子则从无贬语。颜子之道，去老子不远，而不幸短命，是以庄子不信卫生，而有一死生齐彭殇之说也。

内篇以《逍遥》《齐物》开端，浅言之，逍遥者，自由之义；齐物者，平等之旨。然有所待而逍遥，非真逍遥也。大鹏自北冥徙于南冥，经时六月，方得高飞，又须天空之广大，扶摇羊角之势，方能鼓翼。如无六月之时间，九万里之空间，斯不能逍遥矣。列子御风，似可以逍遥矣。然非风则不得行，犹有所待，非真逍遥也。禅家载黄龙禅师说法，吕洞宾往听，师问道服者谁？洞宾称云水道人。师曰："云干水涸，汝从何处安身？"此袭《庄子》语也。无待，今所谓绝对。唯绝对乃得真自由。故逍遥云者，非今通称之自由也。如云法律之内有自由，固不为真自由，即无政府，亦未为真自由。在外有种种动物为人害者，在内有饮食男女之欲，喜、怒、哀、乐之情，时时困其身心，亦不得自由。必也一切都空，才得真自由，故后文有外天下、外物之论，此乃自由之极致也。

"齐物论"三字，或谓齐物之论，或谓齐观物论，二义俱通。《庄子》此篇，殆为战国初期学派纷歧、是非蠭起而作。"彼亦一是非，此亦一是非"，庄子则以为一切本无是非。不论人物，均各是其所是，非其所非，惟至人乃无是非。必也思想断灭，然后是非之见泯也。其论与寻常论平等者不同，寻常论平等者仅言人人平等，或一切有情平等而已。是非之间，仍不能平等也。庄子以为至乎其极，必也泯绝是非，方可谓之平等耳。

揆庄子之意，以为凡事不能穷究其理由，故云"恶乎然？然于然；恶乎不然？不然于不然"。然之理即在于然，不然之理即在于不然。若推寻根源，至于无穷，而然不然之理终不可得，故云"然于然，不然于不然"，不必穷究是非之来源也。《逍遥》《齐物》之旨，大略如是。

《养生主》为常人说法，然与学者亦有关系。其云"生也有涯，知也无涯，以有涯随无涯，殆已"，斯言良是。夫境界无穷，生命有限，以有限求无穷，是夸父逐日也。《养生主》命意浅显，颇似老子卫生之谈。然不以之为七篇之首，而次于第三，可知庄子之意，卫生非所重也。世间惟愚人不求知，稍有智慧，无不竭力求知。然所谓

"一物不知，儒者之耻"，天下安有此事？如此求知，所谓"殆已"。其末云："指穷于为薪，火传也，不知其尽也。"以薪喻形骸，以火喻神识，薪尽而火传至别物，薪有尽，而火无穷。喻形体有尽，而神识无尽，此佛家轮回之说也。

《人间世》论处世之道，"颜子将之卫"、"叶公问仲尼"二段可见。其中尤以"心斋"一语为精。宋儒亦多以晏坐为务。余谓心斋犹晏坐也。古者以《诗》《书》《礼》《乐》教士，《诗》《书》属于智识，《礼》《乐》属于行为。古人守礼，故能安定。后人无礼可守，心常扰扰。《曲礼》云"坐如尸，立如斋"，此与晏坐之功初无大异。常人闲居无事，非昏沉，即掉举。欲救此弊，惟有晏坐一法。古人礼乐不可斯须去身，非礼勿动，动者非必举手投足之谓，不安定即是动。非礼勿言，心有思想即言也。自不必别学晏坐。"子之燕居，申申如也，夭夭如也。""申申"挺直之意，"夭夭"屈曲之意，申申夭夭并举，非崛强，亦非伛偻，盖在不申不屈之间矣。古有礼以范围，不必晏坐，自然合度。此须观其会通，非谓佛法未入之时，中土绝无晏坐法也。心斋之说，与四勿语非礼勿视，非礼勿听，非礼勿言，非礼勿动。相近，故其境界，亦与晏坐无异。向来注《庄子》者，于"瞻彼阕者，虚室生白，吉祥止止"十二字多不了然。谓室比喻心，心能空虚，则纯白独生，然阕字终不可解。按：《说文》"事已闭门"为阕。此盖言晏坐闭门，人从门隙望之，不见有人，但见一室白光而已。此种语，佛书所恒道，而中土无之，故非郭子玄所知也。

《德充符》言形骸之不足宝，故以兀者王骀发论，至谓王骀之徒与孔子中分鲁国，则其事有无不可知矣。中有二语，含意最深，自来不得其解，曰："以其知，得其心，以其心，得其常心。"余谓此王骀之绝诣也。知者，佛法所谓意识；心者，佛法所谓阿赖耶。阿赖耶恒转如瀑流，而真如心则无变动。常心者，真如心之谓，以止观求阿赖耶，所得犹假，直接以阿赖耶求真如心，所得乃真。此等语与佛法无丝豪之异，世间最高之语，尽于此矣。

《大宗师》篇有不可解处，如"真人之息以踵，众人之息以喉"。喉踵对文，自当训为实字，疑参神仙家言矣。至乎其极，即为卜梁倚之不死不生，如此方得谓之大宗师。

《应帝王》言变化不测之妙。列子遇季咸而心醉，归告其师壶子。季咸善相人，壶子使之相，示之以地文，示之以天壤，示之以太冲，最后示之以虚而委蛇。季咸无从窥测，自失而走。此如《传灯录》所载忠国师事，有西僧能知人心事，师往问之，僧曰："汝何以在天津桥上看猢狲耶？"师再问之，僧又云云，最后一无所念而问之，僧无从作答。此即壶子对季咸之法矣。

要之，内篇七首，佛家精义俱在。外篇、杂篇与内篇稍异。盖《庄子》一书有各种言说，外篇、杂篇颇有佛法所谓天乘四禅四空。一派。《让王》篇主人事，而推重高隐一流。盖庄子生于乱世，用世之心，不如老子之切，故有此论。郭子玄《注》，反薄高隐而重仕宦，此子玄之私臆，未可轻信。子玄仕于东海王越，招权纳贿，素论去之，故其语如此，亦其所也，惟大致不谬耳。外篇、杂篇，为数二十六，更有佚篇，郭氏删去不注，以为非庄子本旨。杂篇有孔子见盗跖及渔父事，东坡以为此二篇当删。其实《渔父》篇未为揶揄之言，《盗跖》篇亦有微意在也。七国儒者，皆托孔子之说以糊口，庄子欲骂倒此辈，不得不毁及孔子，此与禅宗呵佛骂祖相似。禅宗虽呵佛骂祖，于本师则无不敬之言。庄子虽挪揄孔子，然不及颜子，其事正同。禅宗所以呵佛骂祖者，各振持论，均有根据，非根据佛，即根据祖，如用寻常驳辨，未必有取胜之道，不得已而呵佛骂祖耳。孔子之徒，颜子最高，一生从未服官，无七国游说之风。自子贡开游说之端，子路、冉有皆以从政终其身。于是七国时仕宦游说之士，多以孔子为依归，却不能依傍颜子，故庄子独称之也。东坡生于宋代，已见佛家呵佛骂祖之风，不知何以不明此理，而谓此二篇当删去也。

太史公谓庄子著书十余万言，剽剥儒、墨。今观《天下》篇开端，即反对墨子之道，谓墨子虽独能任，奈天下何？则史公之言信矣。惟所谓儒者乃当时之儒，非周公、孔子也。其讥弹孔子者，凡以取便持论，非出本意，犹禅宗之呵佛骂祖耳。

老子一派，传者甚众。而《庄子》书，西汉人见者寥寥。史公而外，刘向校书，当曾见之。桓谭号为博览，顾独未见《庄子》。班嗣家有赐书，谭乞借《庄子》，而嗣不许。《法言》曾引《庄子》，殆杨子云校书天禄阁时所曾见者。班孟坚始有解《庄子》语，今见《经典释文》。外此则无有称者。至魏、晋间，《庄子》始见重于世，其书亦渐流传。自《庄子》流传，而清谈之风乃盛，由清谈而引进佛法。魏、晋间讲佛法者，皆先究《庄子》。东晋支遁曾注《庄子》。《宏明集》所录，皆庄、佛并讲也。汉儒与佛法捍格，无沟通之理。明帝时佛经虽入中土，当时视之，不过一种神教而已。自庄子之说流行，不啻为研究佛法者作一阶梯，此亦犹利玛窦入中国，传其天算之学，而中国人即能了悟。所以然者，利玛窦未入之前，天元、四元之术已研究有素，故易于接引也。

清儒谓汉称黄老，不及老庄，黄老可以致治，老庄惟以致乱。然史公以老、庄、申、韩同传。老子有治天下语，汉文兼参申、韩，故政治修明。庄子政治语少，似乎遗弃世务。其实则庄在老后，政治之论，老子已足，高深之论，则犹有未逮，故庄子偏重于此也。漆园小吏，不过比今公安局长耳，而庄子任之，官愈小，事愈繁剧，岂庄子纯然不涉世务哉！清谈之士，皆是贵族，但借庄子以自高，故独申其无为之旨。然不但清谈足以乱天下，讲理学太过，亦足以乱天下。亭林谓今之心学，即昔之清谈，比喻至切。此非理学之根本足以乱天下，讲理学而一切不问，斯足以乱天下耳。以故黄老治天下，老庄乱天下之语，未为通论也。

墨子，据高诱《吕览注》谓为鲁人。《史记·孟荀列传》或曰并孔子时，或曰在其后。盖墨子去孔子不远，与公输般同时。据《礼记·檀弓》，季康子之母死，公输般请以机封，事在哀公之末，或悼公之初。墨子见楚惠王时，盖已三四十岁，是时公输般已老，则墨子行辈，略后于般也。《亲士》篇言吴起之裂。考吴起车裂，在周安王二十一年，上去孔子卒已逾百年，墨子虽寿考，当不及见。至《所染》篇言宋康染于唐鞅、田不礼。宋康之灭，在周赧王二十九年，去吴起之裂又九十余年，则决非墨子所及见矣。是知《墨子》书有非墨子自著而后人附益之者。韩非《显学》篇称孔、墨之后，儒分为八，墨离为三，有相里氏之墨，相夫氏之墨，邓陵氏之墨。《庄子·天下》篇亦云相里勤之弟子，五侯之徒，南方之墨者，苦获已齿邓陵子之属，俱诵《墨经》，而倍谲不同，相谓别墨。今观墨子《尚贤》《尚同》《兼爱》《非攻》《节用》《节葬》《天志》《明鬼》《非乐》《非命》，皆有上中下三篇，文字虽小异，而大体则同。一人所著，决不如此重沓，此即墨离为三之证。三家所传不同，而集录者兼采之耳。《汉书》称《墨子》七十一篇，今存五十三篇。

墨子之学以"兼爱"、"尚同"为本。"兼爱"、"尚同"则不得不"尚贤"。至于"节用",其旨专在俭约,则所以达"兼爱"之路也。"节葬"、"非乐",皆由"节用"来。要之皆尚俭之法耳。"明鬼"之道,自古有之,墨子传之,以为神道设教之助,亦有所不得已。依墨子之道,强本节用,亦有用处。而孟子、荀子非之。孟子斥其"兼爱",攻其本体。荀子斥其"尚俭"。攻其办法。夫兼爱之道,乃人君所有事,墨子无其位而有其行,故孟子斥为"无父"。汪容甫谓孟子厚诬墨子,实非知言。近世治墨学者,喜言《经上》《经下》,不知墨子本旨在"兼爱"、"尚同",而"尚贤"、"节用"、"节葬"、"非乐"是其办法,"明鬼"则其作用也。

"明鬼"自是迷信。春秋战国之间,民智渐启,孔子无迷信之语,老子语更玄妙,何以墨子犹有尊天明鬼之说?近人以此致疑,老子不应在墨子之前,谓与思想顺序不合。不知老子著书,关尹所请,关尹自当传习其书。《庄子·达生》篇有列子问关尹事,则老子传之关尹,关尹传之列子矣。今《列子》书虽是伪托,《庄子》记列子事则可信。《让王》篇言郑子阳遗粟于列子,据《史记·六国表》《郑世家》,子阳之死在周安王四年,是时上去孔子之卒八十一年。列子与子阳同时,遗粟之时,盖已年老,问关尹事,当在其前。关尹受老子之书,又在其前。如此上推,则老、孔本同时,列子与墨子同时。然老子著书传关尹,关尹传列子,此外有无弟子不可知。齐稷下先生盛言老子,则在墨子之后五六十年。近人以为思想进步,必有顺序,然必须一国之中交通方便,著书易于流布,方足言此。何者?一书之出,人人共见,思想自不致却退也。若春秋之末,各国严分疆界,交通不便,著书则传诸其人,不若后世之流行,安得以此为论!且墨子足迹，未出鲁、宋、齐、楚四国，宋国以北，墨子所未至。老子著书在函谷关，去宋辽远。列子郑人，与宋亦尚异处。故谓墨子未见老子之书可也。墨子与孔子同为鲁人，见闻所及，故有"非儒"之说。然《论语》一书，恐墨子亦未之见。《论语》云："曾子有疾，孟敬子问之。"而《礼记》："悼公之丧，孟敬子食食。"可见《论语》之成，在鲁悼之后，当楚简王之世。是时墨子已老，其说早已流行，故《论语》虽记孔子"天何言哉"之言，而墨诸子犹言"天志"也。

又学派不同，师承各别，墨子即见老、孔之书，亦未必遽然随之而变。今按：儒家著书在后，儒家首《晏子》。道、墨著书在前，《伊尹》《太公》之书，《艺文志》所不信，《辛甲》二十九篇则可信也。辛甲道家，见《左传》襄四年。墨家以《尹佚》二篇开端，尹佚即史佚也。《艺文志》所称某家者流出于某官，多推想之辞。惟道家之出史官，墨家之出清庙之守，确为事实。道家辛甲为周之太史，墨家不但史角为清庙之守，尹佚亦清庙之守，《洛诰》逸祝册可证也。师承之远，历五百余载，学派自不肯轻易改变。故公孟以无鬼之论驳墨子，墨子无论如何不肯信也。春秋之前，道家有辛甲，墨家有尹佚。《左传》引《尹佚》之语五，《国语》引之者一，而《辛甲》则尠见称引，可见尹佚之学流传甚广，而辛甲之学则不甚传。老子本之辛甲，墨子本之尹佚，二家原本不同，以故墨子即亲见老子之书，亦不肯随之而变也。

《礼记》孔子语不尽可信，而《论语》及《三朝记》，汉儒皆以为孔子之语，可信。《三朝记·千乘》篇云："下无用则国家富，上有义则国家治，长有礼则民不争，立有神则国家敬，兼而爱之，则民无怨心，以为无命，则民不偷。昔者先王立此六者，而树之德，此国家所以茂也。"今按：孔子所言，与墨子相同者五。"无用"即不奢侈之意，墨子所谓"节用"也。"上有义"即墨子所谓"尚同"也。"立有神"即墨子所谓"明鬼"也。"以为无命"即墨子所谓"非命"也。盖尹佚有此言，而孔子引之。其中不及"节葬"、"非乐"者，据《礼记·曾子问》："下殇，土周，葬于园，遂舆机而往。史佚有子而殇，棺敛于宫中。"于此可见史佚不主节葬。周用六代之乐，史佚王官，亦断不能非之。"节葬"、"非乐"乃墨子量时度势之言。尹佚当太平时，本无须乎此。墨子经春秋之乱，目睹厚葬以致发冢，《庄子》有"诗礼发冢"语可证。故主"节葬"。春秋之初，乐有等级，及季氏僭用八佾，三家以雍彻，后又为女乐所乱，齐人馈女乐可见。有不得不非之势。盖"节葬"、"非乐"二者，本非尹佚所有，乃墨子以意增加者也。其余"兼爱"、"尚同"、"明鬼"、"节用"，自尹佚以来已有之。"尚贤"老子所非，其名固不始于墨子。墨子"明鬼"，但能称引典籍而不能明言其理，盖亦远承家法，非己意所发明也。

　　孔、老之于鬼神，措辞含蓄，不绝对主张其有，亦不绝对主张其无。老子曰："以道莅天下，其鬼不神。"韩非解之曰："夫内无痤疽瘅痔之害，而外无刑罚法诛之祸者，其轻恬鬼也甚，故曰'道莅天下，其鬼不神'。"盖天下有道，祸福有常，则鬼神不足畏矣。孔子曰："敬鬼神而远之。"然《中庸》曰："鬼神之为德，视之而弗见，听之而弗闻，体物而不可遗，洋洋乎如在其上，如在其左右。"如此旁皇周浃，又焉能远？盖孔、老之言，皆谓鬼神之有无，全视人之信不信耳。至公孟乃昌言无鬼之论，此殆由孔、老皆有用世之志，不肯完全摧破迷信，正所谓"不信者吾亦信之"也。公孟在野之儒，无关政治，故公然论无鬼矣。凡人类思想，固由闭塞而渐进于开明，然有时亦未见其然，竟有先进步而后却退者。如鬼神之说，政治衰则迷信甚，信如老子之言。然魏有王弼、何晏崇尚清谈，西晋则乐广、王衍大扇玄风，于是迷信几于绝矣。至东晋而葛洪著《抱朴子》内外篇，《外篇》语近儒家，《内篇》则专论炼丹。尔时老庄"一生死齐彭殇"之论已成常识，而抱朴犹信炼丹，以续神仙家之绪。又如阳明学派，盛行于江西，而袁了凡亦江西人，独倡为功过格，以承道教之风。夫清谈在前，而后有葛洪；阳明在前，而后有袁黄，皆先进步而后却退也。一人之思想，决不至进而复退。至于学说兴替，师承不同，则进退无常。以故老子之言玄妙，孔子之言洒落，而墨子终不之信也。且墨子"明鬼"亦有其不得已者在。墨子之学主于"兼爱"、"尚同"，欲万民生活皆善，故以"节用"为第一法。"节用"则家给人足，然后可成其"兼爱"之事实，以"节用"故反对厚葬，排斥音乐。然人由俭入奢易，由奢反俭难。庄子云："以裘褐为衣，以跂蹻为服，墨子虽独能任，奈天下何？"墨子亦知其然，故用宗教迷信之言诱人，使人乐从。凡人能迷信，即处苦而甘。苦行头陀，不惮赤脚露顶，正以其心中有佛耳。南宋有邪教，曰吃菜事魔，其始盖以民之穷困，故教之吃菜，然恐人之不乐从也，故又教之事魔，事魔则人乐吃菜矣。于是从之者，皆渐饶益。论者或谓家道之丰，乃吃菜之功，非事魔之报，当禁事魔，不禁吃菜。其言似有理，实可笑也。夫不事魔，焉肯吃菜？墨子之"明鬼"，犹此志矣。人疑墨子能作机械，又《经上》《经下》辩析精微，《明鬼》之说，与此不类。不知其有深意存焉。

　　"节用"之说，孔、老皆同。老子以俭为宝，孔子曰"宁俭"。然俭有程度，孔子饭疏饮水，而又割不正不食，固以时为转移也。墨子无论有无，壹以自苦为极。其徒未必人人穷困，岂肯尽听其说哉？故以尊天明鬼教之，使之起信。此与吃菜事魔，雅无二致。若然，则公孟之论，宜乎不入耳矣。

《墨经》上、下所载，即"坚白同异"之发端。"坚白同异"，《艺文志》称为名家。名家之前，孔子有"正名"之语，《荀子》有《正名》之篇，皆论大体，不及琐细。其后《尹文子》亦然。独《墨子》有"坚白同异"之说，惠施、公孙龙辈承之，流为诡辩，与孔子、荀子不同。鲁哀公欲学小辩，孔子云："奕固十棋之变，由不可既也，而况天下之言乎？"小辩，盖即"坚白同异"之流。小事诡辩，人以为乐，如云"火不热"、"犬可以为羊"，语异恒常，耸人听闻，无怪哀公乐之也。

《经》上、下又有近于后世科学之语，如"平，同高也"；"圜，一中同长也"，解释皆极精到。然物之形体，有句股者，有三角者，有六觚者，但讲平、圆二种，一鳞一爪，偏而不全，总不如几何学，事事俱备。且其书庞杂，无系统可寻，今人徒以其保存古代思想，故乐于研讨耳。其实不成片段，去《正名》篇远矣。

墨子数称道禹，《庄子·天下》篇。禹似为其教祖。《周髀算经》释矩字云："禹之所以治天下者，此数之所生也。"赵《注》云："禹治洪水，望山川之形，定高下之势，乃句股之所由生。"《考工记》："有虞氏上陶，夏后氏上匠。"禹明于句股测量之术，匠人世守其法以营造宫室，通利沟洫，《考工记》："匠人建国，水地以县，置槷以县眡以景，为规识日出之景与日入之景，昼参诸日中之景，夜考之极星以正朝夕。"又："匠人为沟洫，凡行奠水，磬折以参伍，欲为渊则句于矩。"匠人明句股测量之理如此，故能建国行水。而行水奠水即禹治水之方也。墨子既以禹为祖，故亦尚匠，亦擅句股测量之术。公输般与之同时，世为巧匠。公输子削竹木以为鹊，成而飞之三日不下，而墨子亦能作飞鸢。惟墨子由句股术进求其理，故有

"平，同高也"；"圜，一中同长也"；"端，体之无序而最前者也"诸语。此皆近于几何，所与远西不同者，远西先有原理，然后以之应用，中国反之，先应用然后求其理耳。

墨子、公输般皆生于鲁，皆能造机械，备攻守。其后楚欲攻宋，二人解带为城，以牒为械，试于惠王之前。般九设攻城之机变，墨子九距之，般之攻械尽，墨子之守圉有余。此虽墨子夸饰之辞，亦足征二人之工力相敌矣。

《艺文志》称法家者流，盖出于理官。余谓此语仅及其半。法家有两派：一派以法为主，商鞅是也；一派以术为主，申不害、慎到是也。惟韩非兼擅两者，而亦偏重于术。出于理官者，任法一派则然，而非所可语于任术一流。《晋书·刑法志》："魏文侯师李悝，撰次诸国法，著《法经》六篇，商君受之以相秦。"此语必有所本。今案：商鞅本事魏相公叔痤，为中庶子。秦孝公下令求贤，乃去魏之秦。《秦本纪》载其事，在孝公元年，当梁惠王十年，上距魏文侯之卒，仅二十六年，故商鞅得与李悝相接。商鞅不务术，刻意任法，真所谓出于理官者。《法经》即理官之书也。其余申不害、慎到，本于黄老，而主刑名，不纯以法为主。韩非作《解老》《喻老》，亦法与术兼用者也。太史公以老、庄、申、韩同传，而商君别为之传，最为卓识。大概用法而不用术者，能制百姓、小吏之奸，而不能制大臣之擅权，商鞅所短即在于是。主术者用意最深，其原出于道家，与出于理官者绝异。春秋时世卿执政，国君往往屈服。反对世卿者，辛伯谏周桓公云："并后匹嫡，两政耦国，乱之本也。"《左传》桓十八年。辛伯者，辛甲之后，是道家渐变而为法家矣。管子亦由道家而入法家，《法法》篇虽云法法，其实仍是术也。谓"人君之势，能杀人、生人、富人、贫人、贵人、贱人。人主操此六者以畜其臣；人臣亦望此六者以事其君。六者在臣期年，臣不忠，君不能夺；在子期年，子不孝，父不能夺。故《春秋》之记，臣有弑其君，子有弑其父者"。其惧大权之旁落如此。老子则云："鱼不可脱于渊，国之利器不可以示人。"语虽简单，实最扼要。盖老子乃道家、法家之枢转矣。其后慎到论势，见《韩非子·难势》。申不害亦言术。势即权也，重权即不得不重术，术所以保其权者也。至韩非渐以法与术并论，然仍重术。《奸劫弑臣》篇所论，仅防大臣之篡夺，而不忧百姓之不从令，其意与商鞅不同。夫大臣者，法在其手，徒法不足以为防，必辅之以术，此其所以重术也。《春秋》讥世卿，《三传》相同，《左传》曰："是以为君，慎器与名，不可以假人。"意亦相同。春秋之后，大臣篡弑者多，故其时论政治者，多主专制。主专制者，非徒法家为然，管子、老子皆然。即儒家亦未尝不然。盖贵族用事，最易篡夺，君不专制，则臣必擅主。是故孔子有不可以政假人之论。而孟子对梁惠王之言，先及弑君。惟孟子不主用术，主用仁义以消弭乱原，此其与术家不同处耳。庄子以法术仁义都不足为治，故云"窃钩者诛，窃国者侯"，"绝圣弃知，大盗乃止"。然其时犹无易专制为民主之说，非必古人未见及此，亦知即变民主，无益于治耳。试观民国以来，选举大总统，无非藉兵力、贿赂以得之。古人深知其弊，故或主执术以防奸，或主仁义以弭乱。要使势位尊于上，觊觎绝于下，天下国家何为而不治哉！

后世学管、老、申、慎而至者，唯汉文帝；学商鞅而至者，唯诸葛武侯。文帝阳为谦让，而最能执术以制权臣，其视陈平、周勃，盖如骨在口矣。初即位，即令宋昌、张武收其兵权，然后以微词免勃，而平亦旋死。《史》《汉》皆称文帝明申、韩之学，可知其不甚重法以防百姓。武侯信赏必罚，一意于法，适与文帝相反。虽自比管仲，实则取法商鞅。《魏氏春秋》记司马宣王问武侯之使，使对：诸葛公夙兴夜寐，罚二十以上，皆亲览焉。是纯用商君之法。唯《商君书》列"六虱"：曰礼乐，曰诗书，曰修善，曰孝弟，曰诚信，曰贞廉，曰仁义，曰非兵，曰羞战，名为六虱，实有九事。商鞅以为六虱成群，则民不用，去其六虱，则兵民竞劝。而武侯《出师表》称"郭攸之、费祎、董允等，此皆良实，志虑忠纯"。可见武侯尚以诚信、贞廉为重，非如商鞅之极端用法，不须亲贤臣远小人也。《商君书》云："善治者使跖可信，而况伯夷乎？不能治者使伯夷可疑，而况盗跖乎？势不能为奸，虽跖可信也；势得为奸，虽伯夷可疑也。"独不念躬揽大柄，势得犯上，足以致人主之疑乎？夫教人以可疑之道，而欲人之不疑之也，难矣。作法自毙，正坐此论。及关下求舍，见拒而叹，不已晚乎？韩非《定法》云："申不害言术，公孙鞅为法，二者不可相无。然申不害徒术而无法。韩者，晋之别国也。晋之故法未息，而韩之新法又生，先君之令未收，而后君之令又下。申不害不擅其法，不一其宪令，则奸多。故利在故法、前令则道之，利在新法、后令则道之，利在故新相反，前后相勃，则申不害虽十使昭侯用术，而奸臣犹有所谲其辞矣。故托万乘之劲韩，七十年而不至于霸王者，虽用术于上，法不勤饰于官之患也。公孙鞅徒法而无术，其治秦也，设告相坐而责其实，连什伍而同其罪，赏厚而信，刑重而必，是以其民用力劳而不休，逐敌危而不却，故其国富而兵强。然而无术以知奸，则以其富强资人臣而已矣。及孝公、商君死，惠王即位，秦法未败也，而张仪以秦殉韩、魏；惠王死，武王即位，甘茂以秦殉周；武王死，昭襄王即位，穰侯越韩、魏而东攻齐，五年而秦不益尺土之地，乃成其陶邑之封；应侯攻韩八年，成其汝南之封。故战胜则大臣尊，益地则私封立，主无术以知奸也。商君虽十饰其法，人臣反用其资。故乘强秦之资，数十年而不至于帝王者，法不勤饰于官，主无术于上之患也。"其言甚是。以三国之事证之，魏文帝时兵力尚不足，明帝时兵力足矣，末年破公孙渊，后竟灭蜀，而齐王被废，高贵乡公被弑。魏室之强，适以成司马氏奸劫杀臣之祸，其故亦在无术以制大臣也。是故韩非以术与法二者并重。申不害之术，能控制大臣，而无整齐百姓之法，故相韩不能致富强。商鞅之法，能致富强，而不能防大臣之擅权。然商鞅之法，亦惟可施于秦国耳。何者？春秋时，秦久不列诸侯之会盟，故《史记·六国表》云："秦始小国僻远，诸夏宾之，比于戎翟。"商君曰："始秦戎翟之教，父子无别，同室而居，今我更制其教，而为男女之别，大筑冀阙，营如鲁卫。"可见商鞅未至之时，秦民之无化甚矣。唯其无化，故可不用六虱，而专任以法。如以商君之法施之关东，正恐未必有效。公叔痤将死，语惠王曰："公孙鞅年虽少有奇才，愿王举国而听之，即不听用，必杀之，无令出境。"假令惠王用公叔之言，使商鞅行法于魏，魏人被文侯武侯教化之后，宜非徒法之所能制矣。是故武侯治蜀，虽主于法，犹有亲贤臣远小人之论。盖知国情时势不同，未可纯用商君之法也。其后学商鞅者，唐有宋璟，明有张居正。宋璟行法，百官各称其职，刑赏无私，然不以之整齐百姓。张居正之持法，务课吏职，信赏罚，一号令，然其督责所及，官吏而外则士人也，犹不普及氓庶。于时阳明学派盛行天下，士大夫竞讲学议政，居正恶之，尽毁天下书院为公廨。又主沙汰生员，向时童子每年入学者，一县多则二十，少亦十人，沙汰之后，大县不过三四人，小县有仅录一人者，此与商鞅之法相似。沙汰生员，亭林、船山亦以为当然。然于小民，犹不如商君持法之峻也。盖商君、武侯所治，同是小国，以秦民无化，蜀人柔弱，持法尚不得不异。江陵当天下一统之朝，法令之行，不如秦、蜀之易。其治百姓，不敢十分严厉，固其所也。

商鞅不重孝弟、诚信、贞廉，老子有"不尚贤，使民不争"之语，慎到亦谓"块不失道，无用贤圣"。后人持论与之相近而意不同者，梨洲《明夷待访录》所云"有治法无治人"是也。梨洲之言颇似慎到，慎到语本老子。老子目睹世卿执政，主权下逮，推原篡夺之祸，始于尚贤。《吕氏春秋·长见》篇云："太公望封于齐，周公旦封于鲁，二君甚相善也。相谓曰：'何以治国？'太公望曰：'尊贤上功。'周公旦曰：'亲亲上恩。'太公望曰：'鲁自此削矣。'周公旦曰：'鲁虽削，有齐者亦必非吕氏也。'其后齐日以大，至于霸，二十四世而田成子有齐国。鲁日以削，至于觐存，三十四世而亡。"盖尊贤上功，国威外达，主权亦必旁落，不能免篡弑之祸。亲亲尚恩，以相忍为国，虽无篡弑之祸，亦不能致富强也。老子不尚贤，意在防篡弑之祸。而慎到之意又不同。汉之曹参，宋之李沆，皆所谓块不失道者。曹参日夜饮醇酒，来者欲有言，辄饮以醇酒，莫得开说。李沆接宾客，常寡言，致有"无口匏"之诮。而沆自称居重位，实无补，惟中外所陈利害，一切报罢之，少以此报国尔。盖曹、李之时，天下初平，只须与民休息，庸人扰之，则百姓不得休息矣。慎到之言，不但与老子相近，抑亦与曹、李相近。庄子学老子之术，而评田骈、慎到为不知道。慎到明明出于老子，而庄子诋之者，庄子卓识，异于术、法二家。以为有政府在，虽不"尚贤"，犹有古来圣知之法，可资假借。王莽一流，假周孔之道，行篡弑之事，固已为庄子所逆料。班孟坚曰："秦燔《诗》《书》，以立私议；莽诵六艺，以文奸言，殊涂同归。"是故，诗礼可以发冢，仁义适以资盗，必也绝圣弃知，大盗乃止。

有国者欲永免篡杀之祸，恐事势有所不能。日本侈言天皇万世一系，然试问大将军用事时，天皇之权何在？假令大将军不自取其咎，即可取天皇而代之，安见所谓万世一系耶？辛伯忧两政耦国，公羊讥世卿擅主，即如其说，遏绝祸乱之本，亦岂是久安长治之道？老子以为不尚贤则不争，然曹操、司马懿、刘裕有大勋劳于王室，终于篡夺，固为尚贤之过；若王莽无功，起自外戚，亦竟篡汉，不尚贤亦何救于争哉！若民主政体，选贤与能，即尚贤之谓。尚贤而争宜矣。

是故论政治者，无论法家、术家，要是苟安一时之计，断无一成不变之法。至于"绝圣弃知"，又不能见之实事。是故政治比于医药，医家处方，不过使人苟活一时，不能使人永免于死亡也。

《汉书·艺文志》："名家者流出于礼官。古者名位不同，礼亦异数。"余谓此乃局于一部之言，非可以概论名家也。《荀子·正名》篇举刑名、爵名、文名、散名四项。刑名、爵名、文名，皆有关于政治，而散名则普及社会一切事物，与政治无大关系。《艺文志》之说仅及爵名，而名家多以散名为主。荀子因孔子"正名"之言作《正名》篇，然言散名者多，言刑名、爵名者少。《墨子·经》上下，以及惠施、公孙龙辈，皆论散名，故名家不全出礼官也。

名家最得大体者荀子，次则尹文。尹文之语虽简，绝无诡辩之风。惠施、公孙龙以及墨子《经》上下，皆近诡辩一派，而以公孙龙为最。《法言》称公孙龙诡辞数万以为法，而不及尹文、惠施。荀子讥惠施蔽于辞而不知实，其实惠施尚少诡辩之习也。名家本出孔子

"正名"一语，其后涂径各别，遂至南辕北辙。

孔子"正名"之言有所本乎？曰有。《礼记·祭法》云："黄帝正名百物，以明民共财。"《国语》作"成命百物"，韦《注》："命，名也。"郑注《论语》："正名谓正书字也。古者曰名，今世曰字。"《礼记》曰："百名以上则书之于策。"然则黄帝正名，即仓颉造字矣。《易》曰："上古结绳而治，后世圣人易之以书契。"项籍云："书足以记姓名。"造字之初，本以记姓名，造契约，故曰"明民共财"。《易》曰："理财正辞。"其意亦同。《管子·心术》篇曰："物固有形，形固有名。此言不得过实，实不得延名。姑形以形，以形务名，督言正名。"延即延长之意，过也。形不能定形，故须以名定之，此谓名与实不可相爽。然则"正名"之说，由来已久，孔子特采古人之说尔。

名家主形名，形名犹言名实。孔子之后，名家首推尹文。尹文谓名有三科：一曰命物之名，方员白黑是也；二曰毁誉之名，善恶贵贱是也；三曰况谓之名，贤愚爱憎是也。《大道》上。其语简单肤廓不甚切当。又云："有形者必有名，有名者未必有形。如墨子所称之鬼，何有于实？只存名耳。形而不名，未必失其方员白黑之实。名而不可寻名，以检其差，故亦有名以检形，形以定名，名以定事，事以检名。察其所以然，则形名之与事物，无所隐其理矣。"《大道》上。盖尹文是循名责实一派，无荒诞琐屑之病，惟失之泰简，大体不足耳。《荀子·正名》颇得大体，其时惠施、公孙龙辈已出，故取当时诸家之说而破之。惠施、公孙龙二人之术，自来以为一派，其实亦不同。《庄子·天下》篇载惠施之说十条，其他辩者之说二十二条。今观惠施之说，尚少诡辩，与其他辩者之说卵有毛、鸡三足者不同。盖公孙龙辈未服官政，故得以诡辩欺人。而惠施身为卿相，惠施为梁惠王相，并见《庄子》

《吕览》。且庄子称其多方。多方者，方法多也。知其不但为名家而已。黄缭问天地所以不坠不陷、风雨雷霆之故，惠施不辞而应，不虑而对，遍为万物说，说而不休，多而无已，犹以为寡，益之以怪。惠施之博学于此可见。叶水心尝称惠施之才高于孟子。今案：梁惠王东败于齐，长子死焉，西丧地于秦七百里，南辱于楚，意欲报齐，以问孟子。孟子不愿魏之攻齐，故但言可使制梃以挞秦楚之坚甲利兵。于是惠王问之惠施，惠施对以王若欲报齐，不如因变服折节而朝齐，楚王必怒，王游人而合其斗，则楚必伐齐，以休楚而伐罢齐，则必为楚禽，是王以楚毁齐也。惠王从之，楚果伐齐，大败之于徐州。于此知惠施之有权谋，信如水心之言矣。今就《庄子》所载惠施之说而条辨之，无非形名家言也。一曰至大无外谓之大一，至小无内谓之小一。小一即几何学之点，点无大小长短可言，是其小无内也。大一即几何学之体，引点而为线，则有长短；引线而为面，则有方圆；引面而为体，是其大可以无外也。点为无内，故曰至小；体可无外，故曰至大。二曰无厚不可积也，其大千里。《墨子》亦有无厚语。无厚者空间也，故不可积，空间无穷，千里甚言其大耳。三曰天与地卑，山与泽平。卑当作比。《周髀算经》云："天象盖笠，地法覆盘。"如其说，则天与地必有比连之处矣。《大戴礼记·曾子天圆》篇云："如诚天圆而地方，则是四角之不掩也。"曾子之意，殆与惠施同。山高泽下，人所知也。山上有泽，咸之象也。黄河大江，皆出昆仑之巅，松花江亦自长白山下注，故云山与泽平也。四曰日方中方睨，物方生方死。今之常言，时间有过去、现在、未来三者，其实无现在之时间，方见日中，而日已睨矣。生理学者谓人体新陈代谢，七年而血肉骸骨都非故我之物，此与佛法刹那无常之说符合，故曰物方生方死，生死犹佛言生灭尔。五曰大同而与小同异，此之谓小同异；万物毕同毕异，此之谓大同异。此义亦见《荀子·正名》篇。同者荀子谓之共，异者荀子谓之别。其言曰："万物虽众，有时而欲遍举之，故谓之物。物也者，大共名也。推而共之，共则有共，至于无共然后止。有时而欲别举之，故谓之鸟兽。鸟兽也者，大别名也。推而别之，别则有别，至于无别然后止。"鸟兽皆物也，别称之曰鸟兽，此之谓小同异。动物、植物、矿物同称之曰物，是毕同也。物与心为对待，由心观物，是毕异也，此之谓大同异。六曰南方无穷而有穷，此言太虚之无穷，而就地上言之则有穷也，四方皆然，言南方者，举一隅耳。七曰今日适越而昔来。《齐物论》"来"作"至"。谓之今日，其为时有断限。谓之昔，其为时无断限。就适越一日之程言之，自昧旦至于日入，无非今日也。就既至于越言之，可云昔至也。八曰连环可解也。案《国策》秦昭王尝遣使者遗君王后连环，曰："齐多智，解此环不？"君王后以示群臣，群臣不知解。君王后引椎椎破之，谢秦使曰："谨以解矣。"杨升庵《丹铅录》尝论此事，以为连环必有解法，非椎破之也。今湖南、四川颇有习解连环者。然惠施之意，但谓既能贯之，自能解之而已。其时有无解连环之法则不可知。九曰我知天下之中央，燕之北越之南是也。此依旧注固可通，然依实事亦可通。据《周髀算经》，以北极为中央，则燕之北至北极，越之南亦至南极，非天之中央而何？十曰泛爱万物，天地一体也。此系实理，不待繁辞。综上十条观之，无一诡辨。其下二十二条，虽有可通者，然用意缴绕，不可不谓之诡辨。惠施与庄子相善，而公孙龙闻庄子之言，口呿而不合，舌举而不下。见《秋水》篇。盖公孙龙纯为诡辨，故庄子不屑与为伍也。

惠施遗书，《汉志》仅列一篇。今欲考其遗事，《庄子》之外，

《吕览》《国策》皆可资采摭。庄子盛称惠施，惠施既殁，庄子过其墓，顾谓从者曰："自夫子之死，吾无以为质，吾无与言之。"《徐无鬼》篇。其推重之如此。然又诋之曰：由天地之道，观惠施之能，犹一蚊一虻之劳。《天下》篇。则自道术之大处言之尔。至于"惠子相梁，庄子往见之，或谓惠子曰：'庄子来，欲代子相。'于是惠子恐，搜于国中三日三夜。"《秋水》篇。此事可疑。案：《史记·魏世家》称惠王卑礼厚币以招贤者，其时惠施为相，令自己出，宜无拒绝庄子之事。意者鹓鶵腐鼠之喻但为寓言，以自明其高尚而已。《吕览·不屈》篇云：魏惠王谓惠子曰"寡人不若先生，愿得传国"。惠子辞。以子之受燕于子哙度之，《吕览》之言可信。以此可知惠施之为名家，非后世清谈废事者比。要而论之，尹文简单，而不玄远。惠施玄远矣，尚非诡辨。《墨经》上下以及公孙龙辈，斯纯为诡辨矣。自此辈出，而荀子有《正名》之作。

《荀子·正名》本以刑名、爵名、文名、散名并举，而下文则专论散名。其故由于刑名随时可变，爵名易代则变，文名从礼，如《仪礼》之名物，后世改易者亦多矣，惟散名不易变。古今语言，虽有不同，然其变以渐，无突造新名以易旧名之事，不似刑名、爵名、文名之随政治而变也。有昔无而今有，昔微而今著者，自当增作新名。故荀子云："若有王者起，必有循于旧名，有作于新名。"散名之在人者，荀子举性、情、虑、伪、事、行、智、能、病、命十项。名何缘而有同异？荀子曰"缘天官"。此语甚是。人之五官，感觉相近，故言语可通，喜怒哀乐之情亦相近，故论制名之缘由曰"缘天官"也。其云"单足以喻则单，单不足以喻则兼"，此可以破白马非马之论。盖总而名之曰马，以色别之曰白马。"白马非马"之论，本无由成立也。至"坚白同异"之论，坚中无白，白中无坚，白由眼识，坚由身识，眼识有白而无坚，身识有坚而无白，由眼知白，由身知坚，由心综合而知其为石。于是名之曰石。故"坚白同异"之论，无可争也。如此则诡辩之说可破。公孙龙辈所以诡辩者，以其无"缘天官"一语为之限制，得荀子之说而诡辩自破。大概草昧之民，思想不能综合，但知牛之为牛，马之为马，不知马与牛之俱为兽；知鸡之为鸡，鹜之为鹜，不知鸡与鹜之俱为鸟。稍稍进步，而有鸟兽之观念，再进步而有物之观念。有物之观念，斯人类开化矣。其于石也先觉其坚与白，然后综合而名之曰石，由石而综合之曰矿，由草木鸟兽矿而一切包举之曰物。荀子又曰："名无固宜，约之以命。约定俗成谓之宜，异于约则谓之不宜。"盖物之命名，可彼可此，犬不必定谓之犬，羊不必定谓之羊，惟既呼之为犬为羊，则约定俗成，犬即不可以为羊也。制名之理，本无甚高深，然一经制定，则不可以变乱。孔子谓："名不正则言不顺，言不顺则事不成，事不成则礼乐不兴，礼乐不兴则刑罚不中，刑罚不中则民无所措手足。"此推论至极之说，施于政治，文牍最要。若指鹿为马，则循名不能责实，其弊至于无所措手足矣。

要之，形与名务须切合，儒家"正名"之旨在此。《管子》已有此语。为名家者，即此已足。惠施虽非诡辩，然其玄远之语，犹非为政所急，以之讲学则可，以之施于政治则无所可用。至其他缴绕之论，适足乱名实耳。

《訄书重订本》订孔第二

远藤隆吉曰："孔子之出于支那，实支那之祸本也。夫差第《韶》《武》，制为邦者四代，非守旧也。处于人表，至严高，后生自以瞻望弗及，神葆其言，革一义，若有刑戮，则守旧自此始。故更八十世而无进取者，咎亡于孔氏。祸本成，其胙尽矣。"远藤氏《支那哲学史》。

章太炎

章炳麟曰：凡说人事，固不当以禄胙应塞。惟孔氏闻望之过情有故。曰：六艺者，道、墨所周闻。故墨子称《诗》《书》《春秋》，多太史中秘书。女商事魏君也，衡说之以《诗》《书》《礼》《乐》，从说之以《金版》《六弢》。《金版》《六弢》，道家大公书也，故知女商为道家。异时老、墨诸公，不降志于删定六艺，而孔氏擅其威。遭焚散复出，则关轴自持于孔氏，诸子欲走，职矣。

《论语》者晻昧，《三朝记》与诸告饬、通论，多自触击也。下比孟轲，博习故事则贤，而知德少歉矣。

荀卿以积伪俟化治身，以隆礼合群治天下。不过三代，以绝殊瑰；不贰后王，以綦文理。百物以礼穿绥：故科条皆务进取而无自戾。《荀子·王制》上言："道不过三代，法不贰后王。"下言："声，则凡非雅声者举废；色，则凡非旧文者举息；械用，则凡非旧器者举毁；夫是之谓复古。"二义亦非自反。雅声、旧文、旧器，三代所用，人间习识。若有用五帝之音乐、服器于今，以为新异者，则必毁废。故倞注曰："复三代故事，则是复古不必远举也。"其正名也，世方诸切识论之名学，而以为在琐格拉底、亚历斯大德间。桑木严翼说。由斯道也，虽百里而民献比肩可也。其视孔氏，长幼断可识矣。

夫孟、荀道术皆踊绝孔氏，惟才美弗能与等比，故终身无鲁相之政，三千之化。才与道术，本各异出，而流俗多视是崇堕之。近世王守仁之名其学，亦席功伐已。曾国藩至微末，以横行为戎首，故士大夫信任其言，贵于符节章玺。况于孔氏尚有踊者！孟轲则蹶矣，虽荀卿却走，亦职也。荀卿学过孔子，尚称颂以为本师。此则如释迦初教本近灰灭，及马鸣、龙树特弘大乘之风，而犹以释迦为本师也。

夫自东周之季，以至禹，《连山》息，《泪作》废，《九共》绝，墨子支之，祇以自陨。老聃丧其征藏，而法守亡，五曹无施。惟荀卿奄于先师，不用。名辩坏，故言殽；进取失，故业堕；则其虚誉夺实以至是也。

虽然，孔氏，古良史也。辅以丘明而次《春秋》，料比百家，若旋机玉斗矣。谈、迁嗣之，后有《七略》。孔子死，名实足以伉者，汉之刘歆。

白河次郎曰："纵横家持君主政体，所谓压制主义也。老庄派持民主政体，所谓自由主义也。孔氏旁皇二者间，以合意干系为名，以权力干系为实，此儒术所以能为奸雄利器。使百姓日用而不知，则又不如总横家明言压制也。"案：所谓旁皇二者间者，本老氏之术，儒者效之，犹不若范蠡、张良为甚。庄周则于《马蹄》《胠箧》诸论，特发老氏之覆。老、庄之为一家，亦犹输、墨皆为艺士，其攻守则正相反，二子亦不可并论也。故今不以利器之说归曲孔氏。余见《儒道》篇。

《訄书重订本》儒墨第三

《春秋》《孝经》，皆变周之文，从夏之忠，而墨子亦曰"法禹"。不法其意而法其度，虽知三统，不足以为政。戾于王度者，非乐为大。彼苦身劳形以忧天下，以若自戮，终以自堕者，亦非乐为大。

何者？喜怒生杀之气，作之者声也。故浑然击鼓，士忾怒矣。鏦然撞錞于，继以吹箫，而人人知惨悼。儒者之颂舞，熊经猿攫，以廉制其筋骨，使行不愆步，战不愆伐，惟以乐倡之，故人乐习也。无乐则无舞。无舞则羸弱多疾疫，不能处憔悴。将使苦身劳形以忧天下，是何以异于腾驾蹇驴，而责其登大行之阪矣？嗟乎！钜子之传，至秦汉间而斩。非其道之不逮申、韩、商、慎，惟不自为计，故距之百年而堕。夫文始五行之舞，遭秦未灭。今五经犹可见，《乐书》独亡，其亦眆于六国之季，墨者昌言号呼以非乐，虽儒者亦鲜诵习焉。故灰烬之余，虽有窦公、制氏，而不能记其尺札也。乌乎！佚、翟之祸，至自弊以弊人，斯亦酷矣。

诋其"兼爱"而谓之"无父"，则末流之嘽言，有以取讥于君子，顾非其本也。张载之言曰："凡天下疲癃残疾鳏寡惸独，皆吾兄弟之颠连而无告者。"或曰："其理一，其分殊。"庸渠知墨氏兼爱之旨，将不一理而殊分乎？夫墨家宗祀严父，以孝视天下，孰曰无父？详《孝经本夏法说》，此不具疏。

至于陵谷之葬，三月之服，制始于禹。禹之世，奔命世也。墨翟

晚年章太炎

亦奔命世也。伯禽三年而报政，曰：革其故俗，丧三年乃除。大公反之，五月而报政。然则短丧之制，前倡于禹，后继踵于尚父。惟晏婴镌之，庐杖衰麻，皆过其职。墨子以短丧法禹，于晏婴则师其爇鬲，而不能师其居丧，斯已左矣。

虽然，以短丧言，则禹与大公，皆有咎，奚独墨翟？以蔽罪于兼爱，谓之无父，君子重言之。又案《水经·淇水注》：《论语比考谶》曰："邑名朝歌，颜渊不舍，七十弟子掩目，宰予独顾，由蹩堕车。"宋均曰："子路患宰予顾视凶地，故以足蹙之，使堕车也。"寻朝歌回车，本墨子事，而《论语谶》以为颜渊。此六国儒者从墨非乐之证也。至于古乐，亦多怪迂，诚有宜简汰者。然乐则必无可废之义。

《訄书重订本》儒道第四

学者谓黄老足以治天下，庄氏足以乱天下。

夫庄周愤世湛浊，已不胜其怨，而托卮言以自解，因以弥论万物之聚散，出于治乱，莫得其耦矣。其于兴废也何庸？

老氏之清静，效用于汉。然其言曰："将欲取之，必固与之。"其所以制人者，虽范蠡、文种，不阴鸷于此矣。故吾谓儒与道辨，当先其阴鸷，而后其清静。韩婴有言："行一不义，杀一不辜，虽得国可耻。"儒道之辨，其扬搉在此耳。

然自伊尹、大公，有拨乱之才，未尝不以道家言为急。《汉·艺文志》，道家有《伊尹》五十一篇，《大公》二百三十七篇。迹其行事，与汤、文王异术，而钩距之用为多。今可睹者，犹在《逸周书》。老聃为柱下史，多识故事，约《金版》《六弢》之旨，著五千言，以为后世阴谋者法。其治天下同，其术甚异于儒者矣。故周公诋齐国之政，而仲尼不称伊、吕，抑有由也。

且夫儒家之术，盗之不过为新莽；而盗道家之术者，则不失为田常、汉高祖。得木不求赢，财帛妇女不私取，其始与之而终以取之，比于诱人以《诗》、礼者，其庙算已多。夫不幸污下以至于盗，而道犹胜于儒。然则愤鸣之夫，有讼言"伪儒"，无讼言"伪道"，固其所也。虽然，是亦可谓防窃钩而逸大盗者也。

《訄书重订本》儒法第五

自管子以形名整齐国，著书八十六篇，而《七略》题之曰"道家"。然则商鞅贵宪令，不害主权术，见《韩非·定法》篇。自此始也。道其本已，法其末已！

今之儒者，闻管仲、申、商之术，则震栗色变，曰："而言杂伯，恶足与语治？"尝试告以国侨、诸葛亮，而诵祝冀为其后世。噫！未知侨、亮之所以司牧万民者，其术亦无以异于管仲、申、商也。

然则儒者之道，其不能摈法家，亦明已。今夫法家亦得一于《周官》，而董仲舒之《决事比》，引儒附法，则吾不知也。

夫法家不厌酷于刑，而厌歧于律。汉文帝时，三族法犹在，刑亦酷矣。然断狱四百，几于兴刑措之治者，其律壹也。律之歧者，不欲妄杀人，一窃著数令，一伤人著数令，大辟之狱差以米，则令诛。自以为矜慎用刑，民不妄受戮矣。不知上歧于律，则下遁于情，而州县疲于簿书之事，日避吏议，娖娖不暇给。故每蔽一囚，不千金不足以成狱，则宁过而贳之。其极，上下相蒙，以究于废弛。是故德意虽深，奸宄愈因以暴恣，今日是也。

仲舒之《决事比》，援附经谶，有事则有例，比于酂侯《九章》。其文已冗，而其例已枝。已用之，斯焚之可也！著之简牍，拭之木觚，以教张汤，使一事而进退于二律。后之廷尉，利其生死异比，得以因缘为市，然后弃表埄之明，而从缪游之荡。悲夫！儒之戾也，法之獒也。

吾观古为法者，商鞅无科条，管仲无五曹令。其上如流水。其次不从则大刑随之。律不哑见，奚有于歧者？子弓曰："居敬而行简，以临其民。"乌乎！此可谓儒法之君矣。

《訄书重订本》儒侠第六

漆雕氏之儒废，而闾里有游侠。《韩非·显学》：漆雕氏之儒，"不色挠，不目逃，行曲则违于臧获，行直则怒于诸侯。"是漆雕氏最与游侠相近也。

侠者无书，不得附九流，岂惟儒家摈之，八家亦并摈之。然天下有亟事，非侠士无足属。侯生之完赵也，北郭子之白晏婴也，见《吕氏·士节》篇。自决一朝，其利及朝野。其视聂政，则击刺之萌而已矣。

且儒者之义，有过于"杀身成仁"者乎？儒者之用，有过于"除国之大害，扞国之大患"者乎？夫平原君，僭上者也，荀卿以为"辅"；信陵君，矫节者也，荀卿以为"拂"。见《荀子·臣道》篇。世有大儒，固举侠士而并包之。而特其感概奋厉，矜一节以自雄者，其称名有异于儒焉耳。

大侠不世出，而击刺之萌兴。虽然，古之学者，读书击剑，业成而武节立，是以司马相如能论荆轲。《艺文志》杂家："《荆轲论》五篇，轲为燕刺秦王不成而死，司马相如等论之。"天下乱也，义士则狙击人主，其他藉交报仇，为国民发愤，有为鸱枭为百姓者，则利剑刺之，可以得志。当世之平，刺客则可绝乎？文明之国，刑轻而奸谀恒不蔽其辜，非手杀人，未有考竟者也。康回滔天之在位，贼元元无算，其事阴沉，法律不得行其罚，议官者麛而去之。虽去，其俦党众，讙于井里，犹矗疑沮事。当是时，非刺客而钜奸不息，明矣。

故击刺者，当乱世则辅民，当治世则辅法。治世知其辅法，而法严诛于刺客，何也？训曰：大臣能厚蓄积者，必浚民以得之，如子孙之善守，是天富不道之家也。故不若恣其不道以归于人。本《唐书·卢坦传》载坦语。彼攻盗亦捊取于不道矣，法则无赦，何者？盗与刺客冒法抵禁者众，则辅法者不得独赏以生。哲王者知其裨补于政令，而阴作其气，道之以义方已矣。

今之世，资于孔氏之言者寡也，资之莫若十五儒，"虽危起居，竟信其志"；"引重鼎不程其力，鸷虫攫搏不程勇"者。凡言儒者，多近仁柔。独《儒行》记十五儒，皆刚毅特立者。窃以孔书泛博，难得要领。今之教者宜专取《儒行》一篇，亦犹古人专授《孝经》也。

《訄书重订本》儒兵第七

甚矣！《阴符经》之缪也。其言曰："天发杀机，龙蛇起陆；人发杀机，天地反复。"以为杀机之蛰，必至是而后起也。夫机之在心也，疾视作色，无往而非杀，无杀而非兵。兵也者，威也；威也者，力也。民之有威力，性也，武者不能革，而工者不能移，岂必至于折天柱、绝地维哉！

儒者曰："我善御寇，'不禽二毛，不鼓不成列。'虽文王之用师，莫我胜也。"君子曰：田僥！其一曰："我善御敌，仰屋以思，为兵法百言。虽以不教民战可也。"君子曰：黠而愚！隔差智故而骜。

夫治兵之道，莫径治气。以白挺遇刃，十不当二；以刃遇火器，十不当一；以火器遇火器，气不治，百不当一。治气者，虽孟、荀与穰苴，犹是术也。有本有末而已矣！

末而末者，可以撢其本。故蹴鞠列于技巧，《汉·艺文志》兵家有《蹴鞠》二十五篇。棋势、皇博列于术艺，《隋·经籍志》兵家有《棋势》四卷，《皇博法》一卷。案，今德意志教陆军有兵棋，其来远矣。不知者以为嬉戏也。其知者，以为民性有兵，不能旦旦而用于寇，故小作其杀机，以鼓其气。与儒者之乡射，其练民气则同。虽孟、荀与穰苴，犹是术也。此兵之本也。

若夫临敌之道则有矣。方机动时，其疾若括镞；非先治气，则机不可赴；赴机以先人，而人失其长技矣。故曰：智者善度，巧者善豫，羿死桃棓不给射，庆忌死剑不给搏。王守仁知气，此所以成胜。

《訄书重订本》商鞅第三十五

商鞅之中于谗诽也二千年，而今世为尤甚。其说以为，自汉以降，抑夺民权，使人君纵恣者，皆商鞅法家之说为之倡。乌乎！是惑于淫说也甚矣。

法者，制度之大名。周之六官，官别其守，而陈其典，以扰义天下，是之谓法。故法家者流，则犹西方所谓政治家也，非胶于刑律而已。

后世之有律，自萧何作《九章》始，汉《地理志》：箕子作“乐浪朝鲜民犯禁八条”。李悝、高祖皆尝有作。然或行于小国，或草创未定之制。若汉唐及今变本加厉之法，则皆萌芽于何。远不本鞅，而近不本李斯。张汤、赵禹之徒起，蹠武何说而文饰之，以媚人主，以震百辟，以束下民，于是乎废《小雅》。此其罪则公孙弘为之魁，而汤为之辅，于商鞅乎何与？

鞅之作法也，尽九变以笼五官，核其宪度而为治本。民有不率，计画至无俚，则始济之以攫杀援噬。此以刑维其法，而非以刑为法之本也。故大史公称之曰：“行法十年，秦民大说，道不拾遗，山无盗贼，家给人足。”今夫家给人足，而出于虔刘之政乎？功坚其心，纠其民于农牧，使向之游惰无所业者，转而傅井亩。是故盖臧有余，而赋税亦不至于缺乏。其始也觳，其终也交足，异乎其厉民以鞭棰而务充君之左臧者也。

及夫张汤，则专以见知、腹诽之法，震怖臣下，诛鉏谏士，艾杀豪杰，以称天子专制之意。此其鹄惟在于刑，其刑惟在于簿书筐箧，而五官之大法勿与焉，任天子之重征敛、恣调发而已矣！有拂天子意者，则已为天子深文治之，并非能自持其刑也。是故商鞅行法而秦日富，张汤行法而汉日贫，观于汲黯之所讥，则可知矣。繇汤之法，终于盗贼满山，直指四出，上下相蒙，以空文为治。何其与鞅反也？则鞅知有大法，而汤徒知有狴狱之制耳。法家与刀笔吏，其优绌诚不可较哉！

且非特效之优绌而已，其心术亦殊绝矣。迹鞅之进身与处交游，诚多可议者，独其当官，则正如橛榜而不可紾。方孝公以国事属鞅，鞅自是得行其意，政令出内，虽乘舆亦不得违法而任喜怒。其贤于汤之窥人主意以为高下者，亦远矣。辱大子，刑公子虔，知后有新主能为祸福，而不欲屈法以求容阅。乌乎！其魁垒而骨鲠也。庸渠若弘、汤之徒，专乞哀于人主，藉其苛细以行佞媚之术者乎？

夫鞅之一日刑七百人以赤渭水，其酷烈或过于汤，而苛细则未有也。观其定令，如列传所言，略已具矣。吾以为酷烈与苛细者，则治乱之殊，直佞之所繇分也。何者？诛意之律，反唇之刑，非有所受也。汤以为不如是不足以媚人主，故瘅心力而裁制之，若鞅则无事此矣。周兴、来俊臣之酷烈也，又过于鞅，然割剥之憒乱越无条理。且其意亦以行媚，而非以佐治，则鞅于此又不屑焉。嗟乎！牛羊之以族蠡传者，虑其败群，牧人去之而无所遴。刑七百人，盖所以止刑也。俄而家给人足、道不拾遗矣！虽不刑措，其势将偃齐斧以攻榱桷。世徒见鞅初政之酷烈，而不考其后之成效，若鞅之为人，终日持鼎镬以宰割其民者，岂不缪哉！余观汉氏以降，刀笔吏之说，多傅《春秋》。其义恣君抑臣，流驰而及于民。汤之用"决事比"，其最倓矣。自是可称道者，特旌旗之以文无害之名，而不能谓之有益于百姓。是其于法家，则犹大岩之与窭也。今缀学者不能持其故，而以"抑民恣君"蔽罪于商鞅。乌乎！其远于事情哉。且亦未论鞅之世矣。

夫使民有权者，必其辩慧之士可与议令者也。今秦自三良之死，后嗣无法，民无所则效，至鞅之世，而冥顽固以甚矣。后百余岁，荀子犹曰"秦无儒"，此其惷愚无知之效也。以惷愚无知之民，起而议政令，则不足以广益，而只以殽乱是非。非禁之，将何道哉？后世有秀民矣，而上必强阙之，使不得与议令。故人君尊严若九天之上，萌庶缩朒若九地之下。此诚防于弘、汤之求媚，而非其取法于鞅也。

藉弟令效鞅，鞅固救时之相而已。其法取足以济一时，其书取足以明其所行之法，非若儒墨之著书，欲行其说于后世者也。后世不察鞅之用意，而强以其物色效之，如孙复、胡安国者，则谓之愚之尤；如公孙弘、张汤者，则谓之佞之尤。此其咎皆基于自取，而鞅奚罪焉？

吾所为瀸鞅者，则在于毁孝弟、败天性而已。有知其毒之酋腊而制之，其勿害一也。昔者蜀相行鞅术，至德要道弗踣焉。贾生亦好法矣，而非其遗礼义、弃仁恩。乃若夫挽近之言新法者，以父子异财为宪典，是则法乎鞅之秕稗者也。宝其秕稗而于其善政则放绝之，人言之戾也，一至是哉！

夫民权者，文祖五府之法，上圣之所以成《既济》也。有其法矣，而无其人，有其人矣，而无其时，则三统之王者起而治之。降而无王，则天下荡荡无文章纲纪，国政陵夷，民生困敝，其危不可以终一𫗦。当是时，民不患其作乱，而患其骀荡姚易，以大亡其身。于此有法家焉，虽小器也，能综核名实，而使上下交蒙其利，不犹愈于荡乎？苟曰"吾宁国政之不理，民生之不遂，而必不欲使法家者整齐而搏绌之"，是则救饥之必待于饻饭，而诚食壶飧者以宁为道殣也。

悲夫！以法家之鸷，终使民生；以法家之刻，终使民膏泽。而世之仁人流涕洟以忧天下者，猥以法家与刀笔吏同类而丑娸之，使九流之善，遂丧其一，而莫不府罪于商鞅。嗟乎！鞅既以刑公子虔故，蒙恶名于秦，而今又蒙恶名于后世。此骨鲠之臣所以不可为，而公孙弘、张汤之徒，宁以佞媚持其禄位者也。

《国故论衡》原儒

儒有三科，关达、类、私之名。达名为儒。儒者，术士也。《说文》。太史公《儒林列传》曰："秦之季世坑术士"，而世谓之"坑儒"①。司马相如言："列仙之儒，居山泽间，形容甚臞。"《汉书·司马相如传》语。《史记》儒作传，误。赵太子悝亦语庄子曰："夫子必儒服而见王，事必大逆。"《庄子·说剑》篇。此虽道家方士言儒也。《盐铁论》曰："齐宣王褒儒尊学，孟轲、淳于髡之徒受上大夫之禄，不任职而论国事；盖齐稷下先生千有余人，湣王矜功不休，诸儒谏不从，各分散。慎到、捷子亡去，田骈如薛，而孙卿适楚。"《论儒》。王充《儒增》《道虚》《谈天》《说日》《是应》，举儒书所称者，有鲁般刻鸢；由基中杨；李广射寝石，矢没羽；荆轲以匕首擿秦王，中铜柱入尺；女娲销石；共工触柱；鲑䲡治狱；屈轶指佞；黄帝骑龙；淮南王犬吠天上鸡鸣云中；日中有三足乌；月中有兔蟾蜍。是诸名籍，道墨形法阴阳神仙之伦，旁有杂家所记列传所录，一谓之儒，明其皆公族。儒之名盖出于需。需者，云上于天。而儒亦知天文识旱潦。何以明之？鸟知天将雨者曰鹬，《说文》。舞旱暵者以为衣冠。《释鸟》："翠，鹬。"是鹬即翠。《地官·舞师》："教皇舞，帅而舞旱暵之事。"《春官·乐师》有皇舞。故书"皇"皆作"䍿"。郑司农云："䍿舞者，以羽覆冒头上，衣饰翡翠之羽。"寻旱暵求雨

---

① 章氏墨笔增补：公孙光目淳于意曰："其人圣儒。"

而服翡翠者，以翠为知雨之鸟故。鹬冠者，亦曰术氏冠，《汉·五行志》注引《礼图》。又曰圜冠。庄周言"儒者冠圜冠者知天时，履句屦者知地形，缓佩玦者事至而断。"《田子方》篇文。《五行志》注引《逸周书》文同《庄子》，"圜"字作"鹬"。《续汉书·舆服志》云："鹬冠前圜。"明灵星舞子吁嗟以求雨者谓之儒。故曾晳之狂而志舞雩，原宪之狷而服华冠，华冠亦名建华冠，《晋书·舆服志》以为即鹬冠。华皇亦一声之转。皆以愤世为巫，辟易放志于鬼道。阳狂为巫，古所恒有。曾、原二生之志，岂以灵保自命哉？董仲舒不喻斯旨，而崇饰土龙，乞效虾蟆，燔犈荐脯，以事求雨，其愚亦甚。古之儒知天文占候，谓其多技，故号遍施于九能，诸有术者悉晐之矣。①类名为儒。儒者，知礼乐射御书数。《天官》曰："儒以道得民。"说曰："儒，诸侯保氏有六艺以教民者。"《地官》曰："联师儒。"说曰："师儒，乡里教以道艺者。"此则躬备德行为师，效其材艺为儒。养由基射白蝯，应矢而下，尹需学御，三年受秋驾，吕氏曰："皆六艺之人也。"《吕氏春秋·博志》篇。明二子皆儒者。儒者则足以为桢干矣。私名为儒。《七略》曰："儒家者流，盖出于司徒之官，助人君顺阴阳明教化者也。游文于六经之中，留意于仁义之际，祖述尧、舜，宪章文、武，宗师仲尼，以重其言，于道为最高。"周之衰，保氏失其守。史籀之书，商高之算，蜂门之射，范氏之御，皆不自儒者传。故孔子曰："吾犹及史之阙文也；有马者借人乘之，今亡矣夫！"盖名契乱，执辔调御之术亦浸不正，自诡鄙事，言君子不多能，为当世名士显人隐讳。及《儒行》称十五儒，《七略》疏《晏子》以下五十二家，皆粗明德行政

---

① 章氏墨笔增补：后周释道安《二教论》曰："包论七典，统括九流，咸为治国之谟，并是修身之术。""若派而别之，则应有九教，若总而合之，则同属儒宗。论其官也。各王朝之一职；谈其籍也，并皇家之一书。"斯论即以达名为准。

教之趣而已，未及六艺也。其科于《周官》为师，儒绝而师假摄其名。然自孟子、孙卿，多自拟以天子三公，智效一官、德征一国，则劣矣。而末流亦弥以哗世取宠。及郦生、陆贾、平原君之徒，餔歠不廉，德行亦败，乃不如刀笔吏。是三科者，皆不见五经家。往者商瞿、伏胜、穀梁赤、公羊高、浮丘伯、高堂生诸老，《七略》格之，名不登于儒籍。若《孙卿书叙录》云："韩非号韩子，又浮丘伯皆受业为名儒。"此则韩非、浮丘并得名儒之号，乃达名矣。《盐铁论·毁学》篇云："包丘子修道白屋之下，乐其志。"或亦非专治经者。儒者游文，而五经家专致。五经家骨鲠守节过儒者，其辩智弗如。传经之士，古文家吴起、李克、虞卿、孙卿而外，知名于七国者寡。儒家则孟子、孙卿、鲁连、宁越皆有显闻。盖五经家不务游说，其才亦未逮也。至汉则五经家复以其术取宠，本末兼陨。然古文家独异是。古文家务求是，儒家务致用，亦各有适。兼之者李克、孙卿数子而已。五经家两无所当，顾欲两据其长，《春秋》断狱之言，遂为厉于天下。此其所以为异。自太史公始以"儒林"题齐鲁诸生，徒以润色孔氏遗业，又尚习礼乐弦歌之音，乡饮大射，事不违艺。故比而次之。及汉有董仲舒、夏侯始昌、京房、翼奉之流，多推五胜，又占天官风角，与鹬冠同流，草窃三科之间，往往相乱。晚有古文家出，实事求是，征于文不征于献，诸在口说，虽游、夏犹黜之。斯盖史官支流，与儒家益绝矣。冒之达名，道、墨、名、法、阴阳、小说、诗赋、经方、本草、蓍龟、形法，此皆术士，何遽不言儒？局之类名，蹴鞠弋道近射，历谱近数，调律近乐，犹虎门之儒所事也。若以类名之儒言，赵爽、刘徽、祖暅之明算，杜夔、阮咸、万宝常之知乐，悉古之真儒矣。今独以传经为儒，以私名则异，以达名、类名则偏。要之题号由古今异。儒犹道矣。儒之名于古通为术士，于今专为师氏之守。道之名于古通为德行道艺，于今专为老聃之徒。道家之名不以题诸方技者，嫌与老氏掍也。传经者复称儒，即与私名之儒殽乱。《论衡·书解》篇曰："著作者为文儒，说经者为世儒，世儒易为，文儒之业，卓绝不循，彼虚说，此实篇。"案所谓文儒者，九流六艺太史之属。所谓世儒者，即今文家。以此为别，似可就部。然世儒之称，又非可加诸刘歆、许慎也。孔子曰："今世命儒亡常，以儒相诟病。"谓自师氏之守以外，皆宜去儒名便，非独经师也。以三科悉称儒，名实不足以相检，则儒常相伐。故有理情性、陈王道，而不丽保氏，身不跨马，射不穿札，即与驳者，则以"凿瘝"诟之，以"多艺"匡之，是以类名宰私名也。有审方圆、正书名，而不经品庶，不念烝民疾疢，即与驳者，则以"他技"诟之，以"致远"匡之，是以私名宰类名也。有综九流裔万物，而不一孔父，不蠥蠥为仁义，即与驳者，则以"左道"诟之，以"尊师"匡之，是以私名宰达名也。今令术士艺人闳眇之学，皆弃捐儒名，避师氏贤者路，名喻则争自息。不然，儒家称"师"，艺人称"儒"，其余各名其家，泛言曰"学者"。旁及诗赋。而泛言曰"文学"，文学名见《韩子》，盖亦七国时泛称也。亦可以无相鏖矣。礼乐世变易，射御于今麤粗，无参连白矢、交衢和鸾之技，独书数仍世益精博。凡为学者，未有能舍是者也。三科虽殊，要之以书数为本。

《国故论衡》原道上

孔父受业于征藏史，韩非传其书，儒家、道家、法家异也，有其同。庄周述儒、墨、名、法之变，已与老聃分流，尽道家也，有其异。是樊然者，我乃知之矣。老聃据人事嬗变，议不踰方。庄周者，旁罗死生之变、神明之运，是以钜细有校。儒法者流，削小老氏以为省，终之其殊在量，非在质也。然自伊尹、太公有拨乱之材，未尝不以道家言为急，《汉·艺文志》道家有《伊尹》五十一篇，《太公》二百三十七篇。迹其行事，以间谍欺诈取人，异于儒法。今可见者，犹在《逸周书》。故周公诋齐国之政，而仲尼不称伊、吕。管子者，祖述太公，谓之小器，有由也。《管子》八十六篇，亦在道家。老聃为周征藏史，多识故事。约《金版》《六弢》之旨，著五千言以极其情，则伊、吕亡所用。亡所用故归于朴，若墨翟守城矣，巧过于公输般，故能坏其攻具矣。谈者多以老聃为任权数，其流为范蠡、张良。今以庄周《胠箧》《马蹄》相角。深黜圣知，为其助大盗，岂遽与老聃异哉？老聃所以言术，将以撢前王之隐慝，取之玉版，布之短书，使人人户知其术则术败。会前世简毕重滞，力不行远，故二三奸人得因自利。及今世有赫蹏、雕镂之技，其书遍行，虽权数亦几无施矣。老聃称"古之善为道者，非以明民，将以愚之"，"民之难治，以其智多"。愚之何道哉？以其明之，所以愚之。今是驵侩则欺罔人，然不敢欺罔其同类，交知其术也，故耿介甚。以是知去民之诈，在使民户知诈。故曰"以智治国国之贼,不以智治国国之福,知此两者亦稽式。"何谓稽式?谓人有发奸擿伏之具矣。粤无镈,燕无函,秦无卢,胡无弓车。夫人而能之,则工巧废矣。"常知稽式,是谓玄德。玄德深远,而与物反。"伊尹、太公、管仲虽知道,其道盗也。得盗之情,以网捕者,莫若老聃。故老聃反于王伯之辅,同于庄周。嬗及儒家,痀矣!若其开物成务,以前民用,玄家弗能知,儒者杨雄之徒亦莫识也,知此者韩非最贤。凡周秦解故之书,今多亡佚,诸子尤寡。《老子》独有《解老》《喻老》二篇。后有说《老子》者,宜据韩非为大传,而疏通证明之,其贤于王辅嗣远矣。韩非他篇亦多言术,由其所习不纯。然《解老》《喻老》未尝杂以异说,盖其所得深矣。非之言曰:"先物行、先理动之谓前识,前识者,无缘而妄意度也。以詹何之察,苦心伤神而后与五尺之愚童子同功。故曰:前识者,道之华也,而愚之首也。"《喻老》。夫不事前识,则卜筮废,图谶断,建除、堪舆、相人之道黜矣。巫守既绝,智术穿凿亦因以废,其事尽于征表。此为道艺之根、政令之原。是故私智不效则问人,问人不效则求图书,图书不效则以身按验。故曰"绝圣去智"者,事有未来,物有未睹,不以小慧隐度也;"绝学无忧"者,方策足以识梗概,古今异、方国异、详略异,则方策不独任也;"不上贤使民不争"者,以事观功,将率必出于介胄,宰相必起于州部,不贵豪杰,不以流誉用人也。按不上贤之说,历世守此者寡。汉世选吏多出掾史,犹合斯义。及魏晋间而专徇虚名矣。其后停年格兴,弊亦差少。选曹之官,即古立士,所不得废也。观远西立宪之政,至于朋党争权,树标揭鼓以求选任,处大官者,悉以苞苴酒食得之,然后知老子、韩非所规深远矣。顾炎武、黄宗羲皆自谓明习法制,而多扬破格用人之美,攻选曹拘牵之失,夫乌知法?名其为简,繁则如牛毛。夫繁故足以为简矣,剧故足以为整暇矣。庄周因之,以号"齐物"。齐物者,吹万不同,使其自已。

官天下者以是为北斗招摇，不慕往古，不师异域，清问下民以制其中，故相地以衰征、因俗以定契，自此始。韩非又重中束之曰："凡物之有形者，易裁割也。何以论之？有形则有短长，有短长则有小大，有小大则有方圆，有方圆则有坚脆，有坚脆则有轻重，有轻重则有黑白。短长、小大、方圆、坚脆、轻重、白黑之谓理，理定而物易割。故议于大庭而后言，则立权议之士知之矣。故欲成方圆而随其规矩，则万物之功形矣。万物莫不有规矩，议言之士，计会规矩也。圣人尽随于万物之规矩，故曰'不敢为天下先'。"《解老》。推此以观，其用至嬹悉也。玄家或佚荡为简，犹高山之与深渊、黑漆之与白垩也。玄家之为老，息废事服，吟啸以忘治乱。韩非论之曰："随时以举事，因资而立功，用万物之能而获利其上，故曰'不为而成。'"《喻老》。明"不为"在于任官，非旷务也。又曰："法令滋章，盗贼多有。"[①]玄家以为老聃无所事法。韩非论之曰："一人之作，日亡半日，十日亡五人功。万人之作，日亡半日，十日亡五万人功矣！然则数变业者，其人弥众，其亏弥大。"《解老》。明官府征令不可亟易，非废法也。综是数者，其要在废私智、绝县娒，不身质疑事而因众以参伍。非出史官周于国闻者，谁与领此？然故去古之宥，成今之别，其名当，其辞辩，小家珍说无所容其迂，诸以伪抵谰者，无所阅其奸欺？老聃之言，则可以保傅人天矣！大匠不斲，大庖不豆，故《春秋》宝书之文，任之孔、左。断神事而公孟言"无鬼"，尚裁制而公孙论"坚白"，贵期验而王充作《论衡》，明齐物而儒名法不道"天

----

① 章氏墨笔增补：注：《群书治要》所引河上本作"法物滋彰"，注曰："法，好也。珍好之物，滋生彰著，则农事废，饥寒并至，故盗贼多有。"然《史记·酷吏列传》引《老子》已作"法令"，河上公注乃伪书，刘子玄已明之。

志"。按儒家法家皆出于道，道则非出于儒也。韩愈疑田子方为庄子师。按庄子所称巨人明哲，非独一田子方。其题篇者，又有则阳、徐无鬼辈，将悉是庄子师耶？俗儒又云，庄子述《天下》篇，首列六经，明其尊仰儒术。六经者，周之史籍，道墨亦诵习之，岂专儒家之业？

老子之道，任于汉文，而太史公《儒林列传》言孝文帝本好刑名之言。是老氏固与名法相倚也。然孝文假借便佞，令邓通铸钱布满天下，既悖刑名之术；信任爱盎，淮南之狱，不自责躬，而迁怒县传不发封者，枉杀不辜，戾法已甚。岂老氏所以莅政哉！盖公、汲黯以清净不扰为治，特其一端。世人云："汉治本于黄老。"然未足尽什一也。诸葛治蜀，庶有冥符。①夫其开诚心、布公道，尽忠益时者，虽雠必赏；犯法怠慢者，虽亲必罚；服罪输情者，虽重必释；游辞巧饰者，虽轻必戮。庶事精练，物理其本，循名责实，虚伪不齿，声教遗言，经事综物，文采不艳，而过于丁宁周至，公诚之心，形于文墨。老氏所经，盖尽于此。诸葛之缺，犹在上贤。刘巴方略未著，而云"运筹帷幄，吾不如子初远矣"；马谡言过其实，优于兵谋，非能亲莅行陈者也，而违众用之，以取覆败。盖汉末人士，务在崇奖虚名，诸葛亦未能自外尔。②汉世学者，数言救僿以忠，终其所尚，乃在正朔、服色、徽识之间，不悟礼为忠信之薄，外炫仪容，适与忠反。不有诸葛，谁知其所底哉？杜预为黜陟课，云："使名不越功而独美，功不后名而独隐。"亦有不上贤遗意。韩延寿治郡，谢安柄国，并得老氏绪言。而延寿以奢

---

① 章氏墨笔增补：袁子曰："前识与言而不中，亮之所不用也。"（《蜀志·诸葛亮传》注引）

② 章氏墨笔增补：其作《兵要》曰："良将之为政也，使人择之，不自举；使法量功，不自度。故能者不可蔽，不能者不可饰，妄誉者不能进也。"（《御览》二百七十三引）然则誉刘用马，亦自知其失也。

僭致戮，谢安不综名实，皆非其至。其在下者，谈、迁父子其著也。道家出于史官，故史官亦贵道家。然太史持论，过在上贤，不察功实。李广数败而见称，晁错立效而被黜，多与道家背驰。要其贵忠任质则是也。黄生以汤、武弑君，此不明庄子意者。七国齐晋之主，多由强臣盗位，故庄生言之则为抗；汉世天位已定，君能恣行，故黄生言之则为诡。要与伊、吕殊旨，则犹老氏意也。杨王孙之流，徒有一节，未足多尚。晋世嵇康，愤世之流，近于庄氏。李充亦称老子，而好刑名之学，深抑虚浮之士。阮裕谓人不须广学，应以礼让为先。皆往往得其微旨。①葛洪虽抵拒老庄，然持论必与前识上贤相反，故其言曰："叔向之母、申氏之子，非不一得，然不能常也。陶唐稽古而失任，姬公钦明而谬授，尼父远得崇替于未兆，近失澹台于形骸，延州审清浊于千载之外，而蔽奇士于咫尺之内。知人之难，如此其甚。郭泰所论，皆为此人过上圣乎？但其所得者显而易识，其失者人不能纪。"《抱朴子·清鉴》篇。是亦可谓崇实者矣。若夫扇虚言以流闻望，借玄辞以文膏粱，适与老子尚朴之义相戾。然则晋之乱端，远起汉末。林宗、子将，实惟国蠹。祸始于前王，而衅彰于叔季。若厉上贤之戒，知前识之非，浮民夸士，何由至哉！王粹尝图庄周于室，欲令嵇含为赞，含援笔为吊文曰："帝墉王弘远，华池丰屋，广延贤彦，图庄生垂纶之象，记先达辞聘之事，画真人于刻桷之室，载退士于进

---

① 章氏墨笔增补：王坦之非时俗放荡，不敦儒教，颇尚刑名之学，著《废庄论》曰："鲁酒薄而邯郸围，庄生作而风俗颓。礼与浮云俱征，伪与利荡并肆，人以克己为耻，士以无措为通。""骤语赏罚，不可以造次；屡称无为为，不可与适变。""若夫群方所资，莫知谁氏，在儒而非儒，在道而非道，弥贯九流，玄同彼我，万物用之而不既，叠叠日新而不朽，昔吾孔老，固已言之矣。"此虽不识庄生玄意，犹知老氏之为刑名也。

趣之堂，可谓托非其所，可吊不可赞也。"《晋书·嵇含传》。斯足以扬推诚伪，平章白黑矣！

张大千《竹林七贤图》

《国故论衡》原道中

　　老聃不尚贤，墨家以尚贤为极，何其言之反也？循名异，审分同矣。老之言贤者，谓名誉谈说才气也。墨之言贤者，谓材力技能功伐也。不尚名誉，故无朋党。不尊谈说，故无游士。不贵才气，故无骤官。然则材力技能功伐举矣。墨者曰："以德就列，以官服事，以劳殿赏。"《尚贤》上篇。世之言贤，侈大而不可斠试。朝市之地，蒇井之间，扬徽题褚，以衒其名氏，选者尚曰"任众"。众之所与，不由质情，徒一二人眩之也。会在战国，奸人又因缘外交，自暴其声，以舆马瑞节之间而得淫名者众。既不校练，功楛未可知。就有桢材，其能又不与官适。夫茹黄之骏而不可以负重，囊佗之强而不可以从猎。不检其材，猥以贤遍授之官，违分职之道，则管仲、乐毅交困。是故古之能官人者，不由令名，问其师学，试之以其事。事就则有劳，不就则无劳，举措之分以此。故韩非曰："视锻锡而察青黄，区冶不能以必剑；水击鹄雁，陆断驹马，则臧获不疑钝利。发齿吻形容，伯乐不能以必马；授车就驾而观其末涂，则臧获不疑驽良。观容服，听辞言，仲尼不能以必士；试之官职，课其功伐，则庸人不疑于愚智。"《显学》篇。此夫所谓不尚贤者也。尚贤者，非舍功实而用人。不尚贤者，非投钩而用人。其所谓贤不同，故其名异。不征其所谓而征其名，犹以鼠为璞矣。慎子蔽于势，故曰："夫块不失道，无用贤圣。"《庄子·天下》篇。汲黯蔽于世卿，故愤用人如积薪，使后来者居上。诚若二子言，则是名宗大族世为政也。夫老聃曰："三十辐共一毂，当其无有车之用；挺埴以为器，当其无有器之用；凿户牖以为室，当其无有室之用。故有之以为利，无之以为用。"今处中者已无能矣，其左右又益罢，是重尪也。重尪者，安赖有君吏？明其所以任使者，皆股肱毕强，技术辐凑，明刑辟而治官职者也。则此言不尚贤者，非慎、汲之所守也。君之不能，势所趣矣。何者？辩自己成、艺自己出、器自己造之谓能，待群而成者非能。往古黔首僻陋侗愚，小慧之士得前民造作，是故庖牺作结绳，神农尝百药，黄帝制衣裳，少康为秫酒，皆以其能登用为长。后世官器既备，凡学道立方者，必有微妙之辩、巧诇之技，非绝人事苦心焦形以就则不至。人君者，在黄屋羽葆之中，有料民听事之劳矣，心不两役，欲与畴人百工比巧，犹不得，况其至珵察者？君之能，尽乎南面之术矣！其道简易，不名一器，下不比于瓦缶，上又不足当玉卮。又其成事皆待众人。故虽斥地万里，破敌钜亿，分之即一人斩一级矣；大施钩梯，凿山通道，分之即一人治一坡矣。其事至微浅，而筹策者犹在将史。故夫处大官载神器者，佻人之功，则剽劫之类也。己无半技，则奄尹之伦也。然不竟废黜者，非谓天命所属与其祖宗之功足以垂远也。老子固曰"无之以为用"。君人者既不觉悟，以是自庶侈，谓名实皆在己，为民主者又弥自喜。是故《齐物》之论作而达尊之位成。一国之中，有力不辩官府，而俗以之功，民以之慧，国以之华者，其行高世，其学钜子，其艺大匠，其辞瑰称。有其一者，权藉虽薄也，其尊当拟人主而已矣。凡学术分科至博，而治官者多出于习于令。汉尝黜九流，独任吏，次即贤良文学。贤良文学既褊陋，而吏识王度、通故事，又有八体之技，能窥古始，自优于贤良文学也。今即习政令最易，其他皆刿心。

习易者擅其威，习难者承流以仰欤唾，不平，是故名家有去尊。见
《原名》篇。凡在官者名曰仆役，仆役则服囚徒之服，当其在官，不与
齐民齿。

《国故论衡》原道下

人君者，剽劫之类，奄尹之伦。老聃明君术，是同于剽劫奄尹也？曰：异是。道者，内以尊生，外以极人事，筡析之以尽学术，非独君守矣。故韩非曰："道者，万物之所然，万理之所稽也。理者，成物之文。道者，万物之所以成。物有理不可以相薄，而道尽稽万物之理，故不得不化。不得不化，故无常操。无常操，是以死生气禀焉，万智斟酌焉，万事废兴焉！天得之以高，地得之以臧，维斗得之以成其威，日月得之以恒其光，五常得之以常其位，列星得之以端其行，四时得之以御其变气，轩辕得之以擅四方，赤松得之与天地统，圣人得之以成文章。道与尧舜俱智，与接舆俱狂，与桀纣俱灭，与汤武俱昌。譬诸饮水，溺者多饮之即死，渴者适饮之即生。譬若剑戟，愚人以行忿则祸生，圣人以诛暴则福成。故得之以死，得之以生，得之以败，得之以成。"《解老》。此其言道，犹浮屠之言"如"耶？译皆作"真如"，然本但一"如"字。有差别此谓理，无差别此谓道，死生成败皆道也。虽得之犹无所得。《齐物》之论由此作矣。①韩非虽解老，然他

---

① 章氏墨笔增补：何谓齐物？曰"物无非彼，物无非是，彼是莫得其耦，谓之道枢。枢始得其环中，以应无穷"，浮屠谓之"法无我"。"非彼无我，非我无所取，是亦近矣，而不知其所为使。若有真宰，而特不得其朕。百骸九窍晐而存，与物相刃相靡，其行尽如驰，而莫之能止"，浮屠谓之"补特伽罗无我"。庄周言是，固以上游冥极，而下连犿无伤，足以经国，故曰道未始有封，言未始有常，为是而有畛也（有畛即有差别，未始有封即无差别，有差别起于无差别，故万物一如也）。卒之"春秋经世先王之志"，下视韩非，而庄周深远矣。

篇娓娓以临政为齐，反于政必黜。故有《六反》之训、《五蠹》之诟。夫曰："斩敌者受赏，而高慈惠之行；拔城者受爵禄，而信廉爱之说；坚甲厉兵以备难，而美荐绅之饰；富国以农，距敌恃卒，而贵文学之士；废敬上畏法之民，而养游侠私剑之属。举行如此，治强不可得也。"《五蠹》。然不悟政之所行与俗之所贵，道固相乏，所赏者当在彼，所贵者当在此。今无慈惠廉爱，则民为虎狼也；无文学，则士为牛马也。有虎狼之民、牛马之士，国虽治，政虽理，其民不人。世之有人也，固先于国，且建国以为人乎，将人者为国之虚名役也？韩非有见于国，无见于人；有见于群，无见于孑。政之弊，以众暴寡，诛岩穴之士。法之弊，以愚割智，"无书简之文，以法为教，无先王之语，以吏为师"。《五蠹》。今是"有形之类，大必起于小，行久之物，族必起于少。"《喻老》。韩非之所知也。众所不类，其终足以立烝民。蓬艾之间，有陶铸尧舜者，故众暴寡非也。其有回遹乱常与众不适者，法令所不能治。治之益甚，民以情伪相攻即自败。故《老子》曰："常有司杀者杀。夫代司杀者杀，是谓代大匠斲。"韩非虽贤，犹不悟。且韩非言大体，固曰"不引绳之外，不推绳之内，不急法之外，不缓法之内"矣。《大体》。明行法不足具得奸邪，贞廉之行可贱邪？"不逆天理，不伤情性"，《大体》。人之求智慧辩察者，情性也。文学之业可绝邪？"荣辱之责，在于己不在于人"，《大体》。匹夫之行可抑邪？庄周明老聃意，而和之以齐物，推万类之异情，以为无正味正色，以其相伐，使并行而不害。其道在分异政俗，无令干位，故曰"得其环中，以应无穷"者，各适其欲以流解说，各修其行以为工宰，各致其心以效微妙而已矣。政之所具，不过经令。法之所禁，不过奸害。能说诸心，能研诸虑，以成天下之亹亹者，非政之所与也。采药以为食，凿山以为宫，身无室家农圃之役，升斗之税，不上于王府，虽不臣天子不耦群众，非法之所禁，版法格令，不得剟一字也。操奇说者能非之，不以非之剟其法，不以尊法罪其非。君臣上下六亲之际，雅俗所守，治眇论者所驳也，守之者不为变，驳之者无所刑。国有群职，王公以出治，师以式民，儒以通古今会文理，百工以审曲面势立均出度，其权异，其尊不异。地有九州，赋不齐上下，音不齐清浊，用不齐器械，居不齐宫室，其枢同，其取予不同。皆无使相干也。夫是之谓大清明。夫是之谓"天下之至柔，驰骋天下之至坚"。法家者，削小老氏以为省，能令其国称娖，而不能与之为人。党得庄生绪言以自饬省，赏罚不厌一，好恶不厌岐。一者以为群众，岐者以优匹士，因道全法，则君子乐而大奸止。其后独王弼能推庄生意，为《易略例》，明一以象，曰："自统而寻之，物虽众，则知可以执一御也。由本以观之，义虽博，则知可以一名举也。处旋机以观大运，则天地之动未足怪也。据会要以观方来，则六合辐凑未足多也。故举封之名，义有主矣。观其彖辞，则思过半矣。夫古今虽殊，军国异容，中之为用，故未可远也。品制万变，宗主存焉。"《明象》。明岐以爻，曰："情伪之动，非数之所求也。故合散屈伸，与体相乖，形躁好静，其柔爱刚。体与情反，质与愿违，巧历不能定其算数，圣明不能为之典要，法制所不能齐度量所不能均也。""召云者龙，命吕者律，二女相违，而刚柔合体，隆坻永叹，远壑必盈。投戈散地，则六亲不能相保。同舟而济，则胡越何患乎异心？故苟识其情，不忧乖违，苟明其趣，不烦强武。"《明爻通变》。推而极之，大象准诸此，宁独人事之云云哉！道若无岐，宇宙至今如抟炭，大地至今如执乳已。

《齐物论释定本·释篇题》

　　齐物者，齐物属读，旧训皆同，王安石、吕惠卿始以物论属读。不悟是篇先说丧我，终明物化，泯绝彼此，排遣是非，非专为统一异论而作也。应从旧读。因物付物，所以为齐，故与许行齐物不同。一往平等之谈，详其实义，非独等视有情，无所优劣，盖离言说相，离名字相，离心缘相，毕竟平等，乃合《齐物》之义。次即《般若》所云字平等性，语平等性也。其文既破名家之执，而即泯绝人法，兼空见相，如是乃得荡然无阂。若其情存彼此，智有是非，虽复泛爱兼利，人我毕足，封畛已分，乃奚齐之有哉。然则兼爱为大迂之谈，偃兵则造兵之本，岂虚言邪！夫托上神以为祢，顺帝则以游心，爱且蘁兼，兵亦苟偃。然其绳墨所出，斠然有量，工宰之用，依乎巫师。苟人各有心，拂其条教，虽践尸蹀血，犹曰秉之天讨也。夫然，兼爱酷于仁义，仁义憯于法律，较然明矣。齐其不齐，下士之鄙执；不齐而齐，上哲之玄谈。自非涤除名相，其孰能与于此。老聃曰："偾骄而不可系者，其唯人心乎！"人心所起，无过相、名、分别三事，名映一切，执取转深。是故以名遣名，斯为至妙。《瑜伽师地论》三十六曰：云何名为四种寻思？一者名寻思，谓于名唯见名；二者事寻思，谓于事唯见事；三者自性假立寻思，谓于自性假立唯见自性假立；四者差别假立寻思，谓于差别假立唯见差别假立。"此诸菩萨，于彼名事，或离相观，或合相观，依止名事合相观故。通达二种自性假立差别假立。"云何名为四如实智？一者名寻思所引如实智，谓"于名寻思，唯有名已，即于此名，如实了知，谓如是名，为如是义，于事假立，为令世间起想起见起言说故。若于一切色等想事不假建立色等名者，无有能于色等想事起色等想。若无有想，则无有能起增益执。若无有执，则无言说。若能如是如实了知，是名名寻思所引如实智"。二者事寻思所引如实智，谓"于事寻思，唯有事已。观见一切色等想事，性离言说，不可言说，若能如是如实了知，是名事寻思所引如实智"。三者自性假立寻思所引如实智，谓"于自性假立寻思唯有自性假立已，如实通达了知色等想事中，所有自性假立非彼事自性，而似彼事自性显现，又能了知彼事自性，犹如变化、影像、响应、光影、水月、焰火、梦、幻，相似显现而非彼体，若能如是如实了知，最甚深义所行境界，是名自性假立寻思所引如实智"。四者差别假立寻思所引如实智，谓"于差别假立寻思，唯有差别假立已，如实通达了知色等想事中，差别假立不二之义。谓彼诸事，非有性，非无性，可言说性不成实，故非有性，离言说性实成立，故非无性。如是由胜义谛故，非有色，于中无有诸色法故。由世俗谛故，非无色，于中说有诸色法故。如有性无性，有色无色，如是有见、无见等差别假立门，由如是道理，一切皆应了知，若能如是如实了知差别假立不二之义，是名差别假立寻思所引如实智"。此论言非吹也，言者有言，即于名唯见名也。以指喻指之非指，不若以非指喻指之非指也，以马喻马之非马，不若以非马喻马之非马也，即无执则无言说也。既已为一矣，且得有言乎，即于事唯见事，亦即性离言说也。随其成心而师之，谁独且无师乎，即于自性假立唯见自性假立也。未成乎心而有是非，是以无有为有，即彼事自性相似显现，而非彼体也。有有也者，有无也者，有未始有无也者，有未始有夫未始有无也者，即于差别假立唯见差别假立也。俄而有无矣，而未知有无之果孰有孰无也，即可言说性非有，离言说性非无也。此徒举其一例，华文深指，契此者多，别于当句解说。夫以论摄论，即论非齐。所以者何？能总摄故。方谓之齐，已与齐反，所以者何？遣不齐故。是故《寓言》篇云："不言则齐，齐与言不齐，言与齐不齐也。"《大般若经》四百七十八云："若于是处，都无有性，亦无无性，亦不可说为平等性，如是乃名法平等性。当知法平等性既不可说，亦不可知。除平等性，无法可得。离一切法，无平等性。"又云："非一切法平等性中有戏论，若离戏论，乃可名为法平等性。"此义正会《寓言》之旨。徒以迹存导化，非言不显，而言说有还灭性，故因言以寄实，即彼所云"言无言，终身言，未尝言；宋椠成玄英疏本及纂图互注本、明世德堂本，皆作未尝不言。王夫之解本作未尝言。寻征文义，旧本皆误，今从王本。终身不言，未尝不言"。《大乘入楞伽经》云："我经中说，我与诸佛菩萨不说一字，不答一字。所以者何？一切诸法离文字故，非不随义而分别说。"是与《寓言》所说，亦如符契。夫能上悟唯识，广利有情，域中故籍，莫善于《齐物论》。《天下》篇云："内圣外王之道，郁而不发。"尔则庄生著书，非徒南面之术，盖名家出于礼官，而惠施去尊，道家本以宰世，而庄周残法，非与旧术相戾，故是舍局就通耳。老聃但说"民多利器，国家滋昏"，而犹未说圣人经国，复是天下利器，故国多利器，民亦滋昏也。老聃但说"人之所教，我亦教之，强梁者不得其死，吾将以为教父"。唯是政教分离之说，而犹未说"九洛之法，监照下土，此谓上皇"。其说出乎巫咸，乃因天运地处，日月云雨之故，不可猝知，而起大禹、箕子之畴，则以之涂民耳目，而取神器也。夫然，有君为不得已，故其极至于无王，有圣或以利盗，故廓然未尝立圣。论中言圣人者，但是随俗之名。终举世法差违，俗有都野，野者自安其陋，都者得意于娴，两不相伤，乃为平等。小智自私横欲，以己之娴，夺人之陋，杀人劫贿，行若封豨，而反崇饰徽音，辞有枝叶，斯所以设尧伐三子之问。下观晚世，如应斯言，使夫饕餮得以逞志者，非圣智尚文之辩，孰为之哉。渊哉若人，用心如砥，干蛊德于上皇之年，杜荞言于千载之下，故曰道家者流，出于史官，其规摹闳远矣。能仁之书，译于东夏，园吏之籍，不至殊方，近世虽见译述，然皆鄙生为之。云行雨施，则大秦之豪丧其夸，拂菻之士忘其夐，衣养万物，何远之有。旧师章句，分为七首，尧问一章，宜在最后，所以越在第三者，精入单微，还以致用，大人利见之致，其在于斯，宜依旧次，无取颠倒云尔。释篇题竟。

《齐物论释定本》第三章

故昔者尧问于舜曰："我欲伐宗、脍、胥敖，南面而不释然。其故何也？"舜曰："夫三子者，犹存乎蓬艾之间。若不释然，何哉？昔者十日并出，万物皆照，而况德之进乎日者乎！"

"故"为发端之辞，旧有其例，《礼运》故圣人参于天地；故人者其天地之德；故礼义也者人之大端也，《正义》皆别标一章，不承前语。《易·系辞传》多言"是故"，亦与前文不属，并是更端之语，知此不连前为一章也。宗、脍、胥敖，司马云三国名也。崔云："宗，一也，脍，二也，胥敖，三也。"郭云："将寄明齐一之理于大圣，故发自怪之问以起对。""夫物之所安无陋也，则蓬艾乃三子之妙处。""今欲夺蓬艾之愿而伐使从己，于至道岂弘哉，故不释然神解耳。若乃物畅其性，各安其所安，无有远近幽深，付之自若，皆得其极，则彼无不当而我无不怡也。"子玄斯解，独会庄生之旨。原夫《齐物》之用，将以内存寂照，外利有情，世情不齐，文野异尚，亦各安其贯利，无所慕往，飨海鸟以大牢，乐斥鷃以钟鼓，适令颠连取毙，斯亦众情之所恒知。然志存兼并者，外辞蚕食之名，而方寄言高义，若云使彼野人，获与文化，斯则文野不齐之见，为桀、跖之嚆矢明矣。若斯论著之材，投畀有北，固将弗受。世无秦政，不能燔灭其书，斯仁者所以潸然流涕也。墨子虽有禁攻之义，及言《天志》《明鬼》，违之者则分当夷灭而不辞，斯固景教、天方之所驰骤，亮不足道。孟子以善战当服上刑，及举葛伯仇饷之事，方云非富天下。尚考成汤伊尹之谋，盖藉宗教以夷人国，诚知牛羊御米，非邦君所难供，放而不祀，非比邻所得问，故陈调讽，待其謷言，尔乃遣众往耕，使之疑怖，童子已戮，得以复仇为名。今之伐国取邑者，所在皆是，以彼大儒，尚复蒙其眩惑，返观庄生，则虽文明灭国之名，犹能破其隐慝也。二者之见，长短相校，岂直龙伯之与焦侥哉！或云物相竞争，智力乃进。案庄生《外物》篇固有其论，所谓"谋稽乎誸，知出乎争"，"春雨日时，草木怒生，铫鎒于是乎始修，草木之到植者过半而不知其然。"知之审矣，终不以彼易此者，物有自量，岂须增益，故宁绝圣弃知，而不可邻伤也。向令《齐物》一篇，方行海表，纵无减于攻战，舆人之所不与，必不得藉为口实以收淫名，明矣。王辅嗣《易》说曰："以文明之极，而观至秽之物，睽之甚也。豕而负涂，秽莫过焉。至睽将合，至殊将通，恢恑憰怪，道将为一，未至于治，先见殊怪，故见豕负涂，甚可秽也，见鬼盈车，吁可怪也。先张之弧，将攻害也，后说之弧，睽怪通也。"辅嗣斯义，岂所谓庄生之素臣邪！或言《齐物》之用，廓然多涂，今独以蓬艾为言，何邪？答曰：文野之见，尤不易除，夫灭国者，假是为名，此是梼杌、穷奇之志尔。如观近世有言无政府者，自谓至平等也，国邑州闾，泯然无间，贞廉诈佞，一切都捐，而犹横著文野之见，必令械器日工，餐服愈美，劳形苦身，以就是业，而谓民职宜然，何其妄欤！故应物之论，以齐文野为究极。此章才有六十三字，辞旨渊博，含藏众宜，《马蹄》《胠箧》《盗跖》诸篇，皆依是出也。释第三章竟。

《庄子解故》序

《庄子》三十三篇，旧有《经典释文》，故世人讨治者寡。王氏《杂志》附之卷末，洪颐煊财举二十九事，挽自俞、孙二家而外，殆无有从事者。余念《庄子》疑义甚众，会与诸生讲习旧文，即以己意发正百数十事，亦或杂采诸家，音义大氐备矣。若夫九流繁会，各于其党，命世哲人，莫若庄氏，消摇任万物之各适，齐物得彼是之环枢，以视孔墨，犹尘垢也；又况九渊、守仁之流，牵一理以宰万类者哉。微言幼眇，别为述义，非《解故》所具也。章炳麟记。

《庄子解故》逍遥游

抟扶摇而上者九万里。《释文》：抟，徒端反；一音搏。崔云：拊翼徘徊而上也。

字当从搏，崔说得之。《考工记》注："搏之言拍也。"作抟者形误，风不可抟。

而后乃今培风。

王念孙读培为冯，之、蒸对转也。

彼于致福者，未数数然也。

《说文》："福，备也。"《祭统》："福者，备也。备者，百顺之名也，无所不顺之谓备。"此福即谓无所不顺，御风者当得顺风乃可行。

吾以是狂而不信也。

狂借为诳。吾以是诳者，吾以是为诳也。古言以为，多省为字。

将旁礴万物以为一世蕲乎乱。

乱，治也。

大浸稽天而不溺。《释文》：稽，司马云：至也。

稽借为诣，同从旨声也。《说文》："诣，候至也"，故司马训至。

越人断发文身。《释文》：断，司马本作敦，云：敦，断也。

作敦者是故书，敦、断一声之转。作断者，后人以训诂改之。

何不虑以为大樽。《释文》：虑，犹结缀也。

结缀字当为落，《说文》正作絡，云："生革可以为缕束也。"《唐韵》：卢各切。虑、落同部双声，覆露亦为覆虑，败露亦为败落，明其音同。

中于机辟。

辟借为罼。《释器》："罼谓之罩"，郭璞曰："今之翻车也"，故机、罼并言。

《庄子解故》齐物论

其发若机栝，其司是非之谓也。其留如诅盟，其守胜之谓也。

司即今伺字，胜亦司也。《潜夫论》说胜屠即司徒，之、蒸对转也，司亦即今伺字。

以言其老洫也。《释文》：洫，本亦作溢。

洫借为侐，《说文》："侐，静也。"作溢亦通，《释诂》："溢，慎也。"

道恶乎隐而有真伪，言恶乎隐而有是非。道隐于小成，言隐于荣华。

隐借为䨼。《说文》："䨼，所依据也"，隐几亦即据几。此言道何所依据而有真伪，言何所依据而有是非。答言真伪依据小成而起，是非依据荣华而起。明真伪、是非，惟从势利为准，本无正则也。

物无非彼，物无非是。

彼借为匪。《小雅》彼交匪敖，《左氏·襄二十七年传》作匪交匪敖，是其证。匪即非字，此下彼、是对举者，即非、是对举也。

庸也者，用也。用也者，通也。通也者，得也。

庸用、通得，皆以叠韵为训。得借为中，《地官·师氏》：中失，故书中为得；《淮南·齐俗训》，天之员也不得规，地之方也不得矩，《文子》得作中，是其例。得与中相通者，古无舌上音，中读如冬，与得双声。

已而不知其然谓之道。

戴震曰：《释诂》：已，此也。《齐物论》已而不知其然，《养生主》已而为知者，已皆训此。

有伦有义。《释文》：崔本作有论有议。

俞先生曰：当从崔本作论议。案：义当从崔本，文则以郭本为故书。

鳅与鱼游。

鳅亦鱼也，不可言鳅与鱼游，当借为醨釃之醨，醨、鳅同从酋声也。

其名为吊诡。

吊诡即《天下》篇之諔诡，与俶傥之俶同字。吊、俶古音相近，彝器伯叔字多作吊，不吊亦即不淑，皆其例。郭训吊当，《释文》训至，皆失之。若郭言卓诡者，亦即吊诡之异文。卓字古音在舌头，与吊同呼，凡言卓荦、恢卓，并与吊诡之吊同字。

何谓和之以天倪。《释文》：天倪，李音崖，云分也；崔云或作霓，际也；班固曰天研。

段玉裁曰：天倪、端倪，皆借为题。《说文》："嵓，物初生之题也。"案：《天下》篇言端崖，则倪当借为崖，李音崔训是也。作天研者，倪、崖、研皆双声，《知北游》篇言崖略，崖者圻堮，略者经界，皆际义也。

《剗汉微言》

　　《老子》言"玄之又玄，众妙之门"，其贵玄可知。又言"涤除玄览"，明玄亦当遣，即破除所知障矣。苟非以是释之，终莫得解也。

　　关尹、老聃以空虚不毁万物为实。空虚何以不毁万物？空虚何以为实邪？此义当思。空虚不毁万物者，不坏相而即泯也；即此为实者，泯相显实也。周颙之难张融曰："即色非有，佛绝群家诸法真性，老无其旨。"何不取斯语观之。空虚非谓邻碍之空，邻碍之空今所谓真空。

　　关尹称"在己无居，形物自著"。就众生缘起言，不守自性，故动；依动，故能见；依能见，故境界妄见也。就真如自在用言，离于见相，自体显照一切妄法也，未尝先人而常随人。就世法言，以百姓心为心也。就出世法言，有依他心，无自依心也。建之以常无有者，如实空也；主之以大一者，等同一味唯一真如也。

　　老庄盛言缘起、内证，少言涅槃。唯庄子说"卜梁倚不死不生"，老子说"保此道者，不欲盈。夫唯不盈，故能蔽不新成"，皆涅槃义。盈者，赢也；蔽者，毕也；如寿蔽天地之蔽。不盈者，所谓无余依能毕；不新成者，所谓我生已尽，不受后有。

　　《庄子·田子方》篇：孔子见老聃，老聃曰："吾游于物之初。"孔子曰："何谓邪？"曰："心困焉而不能知，口辟焉而不能言。"游于物之初者，谓一念相应，觉心初起。心起无有初相可知，而言知初相者，即谓无念离念境界，唯证相应，非一切妄心分别所能拟似，故曰

"心不能知，口不能言"。及孔子请问游是之方，老聃曰："草食之兽，不疾易薮；水生之虫，不疾易水。天下者，万物之所一。"天下指器界，依报也；万物指众生诸趣，正报也。所依之土为此能依者之同业所感，故曰"万物之所一"也。次言"贵在于我，而不失于变，且万化而未始有极"。此则老子自说菩萨地，穷法身平等，随处示见，不受正报依报之果。及孔子问以修心，而老子言"如水之于汋，何修之有？"此既自道阶位，又自一念相应，以还觉心初起，心无初相，正所谓如梦渡河者。乃知菩提之法，众生具有，非可修相，其言玄眇，直到佛界。故孔子出告颜回，而有"醯鸡"之叹；所谓"发覆"云者，盖孔子犹谓心有初相，觉可修得，闻老聃言，始知其如梦如幻也。观此初心无念，唯证相应，依正不二，唯心所见，觉非修作，毕竟无得。诸胜义谛，非老子不能言，非仲尼不能受，非颜回无与告也，所谓传正法眼藏者欤？然释迦得究竟觉，正师子吼，六种震动。老聃得究竟觉，乃掘然若槁木，然若非人者。中夏素风，不尚神变。又于是时释迦已转法轮，据马格斯牟拉所考，佛出世去孔子生，不及十年。不欲于一土见二佛耳。《庄子》称："尧让天下于许由，许由称：子治天下，天下既已治也。我犹代子，吾将为名乎？"处世、出世，其法尽同。使有牧女见其羸瘦而献乳糜，则老聃亦怡然受之矣。

问：杨仁山撰《南华经发微》，以十大释《消摇游》，言不剀切，所举大风、大路、大年、大我等名，体相相违，而视为同概；《消摇》之旨，岂如彼所说邪？答曰：《消摇》一篇，纯是发挥"常乐我净"一语。学鸠、大鹏，细大有异；灵椿、朝菌，修短不齐。计以常情，则宛有胜劣；会之定分，而互为悲笑，要皆拘阂于形气之里，流转于生死之域，起止成坏，未能自在。夫唯至人无待，乘正御变，以游无穷。以无待，故无有大年、小年、大知、小知，是常德也；以无待，故无不消摇之地，是乐德也；以无待，故绝对不二，自见平等法身，是我德也；以无待，故不见幻翳，证无垢识，是净德也。此篇自尧让以前种种譬喻，总是发明此义，故列于内篇之首。彰灼如此，而杨氏不憭，猥以十大缴绕，亦其蔽也。

《庄子·田子方》篇："仲尼曰：古之真人，其神经乎大山而无介，入乎渊泉而不濡，处卑细而不惫，惫古音如偪，借为偪字。充满天地，既以与人，己愈有。"《华严》说："三地菩萨以一身为多身，多身为一身，石壁山障，所往无碍，犹如虚空；于虚空中加趺而去，同于飞鸟，入地如水，履水如地，其身自在，乃至梵世。于四摄中利行偏多，心随于慈，广大无量不二。"此之谓也。虽然，职为师儒，从大夫后，桓魋拔树，犹且削迹而行，前者四事，可以变眩示人耶？故推之古之真人。

庄生数言"以不知知之"，即谓以无分别智证知也。世人习睹，以为常言。校以远西康德，方知其胜。康德见及物如，几与佛说真如等矣。而终言物如非认识境界，故不可知。此但解以知知之，不解以不知知之也。卓荦如此，而不窥此法门，庄生所见，不亦远乎？

《庄子·天运》篇说：孔子见老聃自言："论先王之道，明周召之迹，一君无所钩用。"老子答以"六经先王之陈迹，时不可止，道不可壅。"此言世务日移，不可守故也。孔子三月不出，复见曰："丘得之矣。乌鹊孺，鱼傅沫，细要者化，有弟而兄啼，久矣。夫丘不与化为人！不与化为人，安能化人？"老子曰："可，丘得之矣。"此正今之进化论尔。先说群生孳乳，次"有弟而兄啼"者，自然淘汰，后来居上，即所谓"天地不仁，以万物为刍狗"，以此推证，而故迹之不可守，明矣，故曰"丘得之矣"。

问：《庄子·田子方》篇仲尼曰"哀莫大于心死，而人死亦次之"，心岂有死邪？答曰：心体不灭，心相可得变坏，即此变坏可言心死。今人有惧死后我断者，告以死于此者即生于彼，便可减其怖畏，安富尊荣，随流漂失，恬旷者亦能安之。若夫聪明转为聋瞽，睿博变为顽嚣，虽贤哲能无哀乎？仲尼之言，深入人心渊奥。世有儒家宗匠，未证二乘无学、大乘三贤，而悍然言死不足畏者，殆皆夸诞也。问曰：若尔，杀身成仁、伏节死义者，亦皆伪邪？答曰：此亦不然。情志方猛，舍生舍识，皆不暇计，何得为伪？要是一期暂发，与平日坐论则殊矣。问曰：重更趣生，向之知见漂失者多，前圣何不为人延保知见计，乃以杀身成仁动人慕跂也？答曰：此即菩萨行耳。"菩提萨埵"译言"觉"，有情已向觉矣。知见何由而漂失乎？问曰：审尔，何故以心死可哀告颜回，颜回乃未入三贤地邪？答曰：应问之辞，所说多端，先以群情为其缘起，终说"汝奚患焉，虽忘乎故吾，吾有不忘者存"，见颜回有大愿自在力，有人死无心死也。若未如颜回者，转生以后，心体虽无去来，而心相多分变坏，即为心死。

印度素未一统，小国林立，地狭民寡，才比此土县邑聚落，其君长则宗子祭酒之伦也。其务减省，其国易为，则政治非所亟，加以气候温燠，谷实易孰，裘絮可捐，则生业亦非所亟。释迦应之，故出世之法多，而详于内圣。佛典有《出爱王经》，为世尊论政之言，绝无深语，足知非所措意也。支那广土众民，竞于衣食，情实相反，故学者以君相之业自效，以经国治民、利用厚生为职志。孔老应之，则世间之法多，而详于外王。兼是二者，厥为庄生。即《齐物》一篇，内以疏观万物，持阅众甫，破名相之封执，等酸咸于一味；外以治国保民，不立中德，论有正负，无异门之衅，人无愚智，尽一曲之用，所谓衣养万物而不为主者也。远西工宰，亦粗明其一指。彼是之论，异同之党，正乏为用，撄宁而相成，云行雨施而天下平。故《齐物论》者，内外之鸿宝也。

问：《庄子》书中杂有世间出世间法。在昔沙门，有判为通明禅者，有判为天乘止观者。独杨氏谓庄子所言，包括人天小大五乘，其言似亦有见。答曰：杨氏此言最为通达，虽然，犹未尽也。大士说法，唯在应机。然应机之云，非局于当人问答之间，亦当观彼一期政俗风会迁变之迹。吾国人心自昔讫今，多堕断见，以为一棺载身，万事都已，故我爱增上，而艰于舍生。既知生必有死，无所逃于天地之间，则寄我爱于子孙后嗣。子曰："及其老也，血气既衰，戒之在得。"盖为是也。庄生知之，故唱言："若人之形者，万化而未始有极，为不善于幽间之中者，鬼得而诛之。"轮回之义既明，则世人系恋驰求之心，可以少杀。印度数论执我，是思；胜论执实德句义，是实。有性多堕常见，故佛唱言无我，双破二执，以显真常。彼二圣者，异地则皆然也。且此土政治生计，较为切要，孔氏且不置论，即老庄本多持世善俗之谈，天人大小糅在一篇，固其所也。如广成子、华封人之言，乃天乘矣。盖当时集录，非其自宗所在。犹经典中杂经及律说仙人事，是其类。如有知言之士，曲为科判，权实异宜，较如朱墨，则庄生文旨不将大明于天下邪？

仲尼以一贯为道为学，贯之者何？祇忠恕耳。诸言絜矩之道，言推己及人者，于恕则已尽矣。人食五谷，麋鹿食荐，即且甘带，鸱鸦嗜鼠，所好未必同也。虽同在人伦，所好高下，亦有种种殊异。徒知絜矩，谓以人之所好与之，不知适以所恶与之，是非至忠，焉能使人人得职邪？尽忠恕者，是唯庄生能之，所云齐物即忠恕两举者也。二程不悟，乃云佛法厌弃己身，而以头目脑髓与人，是以己所不欲施人也。诚如是者，鲁养爱居，必以大牢、九韶邪？以法施人，恕之事也；以财及无畏施人，忠之事也。

问曰：为道则贯以忠恕，是已。彼为学者，何与忠恕事邪？答曰：举一隅以三隅反，此之谓恕。《荀子·非相》云："圣人何以不欺？曰：圣人者，以己度者也。故以人度人，以情度情，以类度类，以说度功，以道观尽，古今一度也。类不悖，虽久同理。"顾凡事不可尽以理推，专用恕术，不知亲证，于事理多失矣。救此失者，其唯忠。忠者，周至之谓，检谳观察必微以密，观其殊相，以得环中，斯为忠矣。今世学者亦有演绎、归纳二涂，前者据理以量事，后者谳事以成理。其术至今用之，而不悟孔子所言，何哉！

子绝四：无意，即末那不见；无必，即恒审思量不见；无固，即法执、我执不见；无我，即人我、法我不见。意根、末那，我见之本也。恒审思量，思此我也。一切固执，执此我也。是故，意为必固所依，我为意之所见。绝四则因果依持，皆已排遣。然则仲尼大圣，本以菩萨利生，今说绝四，若非金刚喻定，即是小乘趣寂之果。何故有梦有哭也？凡自初地以往七地，以前四者已不见行，非纯灰灭如小乘所为，亦非能至金刚喻定，虽不见行，而见亦自在，是故梦见周公，哭颜回，哀馆人，事非为虚伪，以此通之，自无质碍。杨慈湖辈以无意为心不起意，此但不起分别意识耳。初习禅定则然，证道非尽于是也。

孔子川上之叹云"逝者如斯夫，不舍昼夜"，即佛家阿赖邪识恒转如瀑流之说也。孔子此言赞美之乎，抑伤流转之莫知所至，而示人以缘起也？观其无意、无必、无固、无我，则已断末那，八识将全舍矣。惜乎明道、白沙皆不了此，而以逝水为道体也。

仲尼志在济民，理无不仕。子张问行、问达，又问干禄，此则急于名闻利养矣。仲尼告以"寡尤寡悔，禄在其中"，岂所谓取青紫如拾芥者邪？非也。《大戴记·卫将军文子》篇，孔子曰："德恭而行信，终日言，不在尤之内，在尤之外，贫而乐也，盖老莱子之行也。"夫唯动无过举，与物无疵，则国爵屏贵，家人忘贫，菜食豆羹，甘于五鼎，此乃所谓禄在其中。

邦无道，富且贵焉，耻也。而人不能无资生事，是故赐不受命，务为货殖，孔子与之。此见商贾废居胜于事乱君、受禄位矣。顾宁人称学者必先治生，盖得其意。

问：今之居士，或言孟子我见未除，其言"说大人则藐之"可知也，孟子果增上慢人邪？答曰：孟子我见尽否，今不审知。然说"仁者爱人，有礼者敬人"，及遭横逆，犹惧自反不忠，增上慢人而若是乎？高贤持世，多有扶偏救弊之谈。当孟子时，面谀之事、妾妇之行多矣，若不说藐，则世法不可扶持，本非以此为证入圣道之门也。佛道少说世法，而亦不坏世法，故以平等示人，虽戒贡高我慢，曷尝教人卑谄也？老、庄言世法矣，其以濡弱谦下为表，亦由习行上礼，自伏我慢，而卒未尝为卑谄事。庄生称"为在从众，不贱佞谄"，此则宰世之经，歙歙为天下浑其心耳。今之居士、沙门，因法生弊，阿谀贵胜，以为宜然。就其所说，邓通、董贤反近圣道，而敦尚风节者，当在摈除。若以是为佛法，则佛法真破坏世法矣。岂独孟子所不为，乃亦宋儒之所耻笑也。反身而诚，乐莫大焉，此诚非"常乐我净"，亦不得说为"我爱"，秖谓行无不慊，则心无悔恨耳。

孟子称"由仁义行，非行仁义也"，此则地上大士之行。必忘仁义如颜回者，始能之耳。虞舜功德可见，然其内证未尝自言，千载以还何由窥识？孟子直以颜渊之行相拟耳。

孟子称浩然之气，集义所生，直养无害，塞于天地之间。其说实起《管子》，《内业》篇云："大心而敢，宽气而广，其形安而不移，能守一而弃万苛，见利不诱，见害不惧，宽舒而仁，独乐其身，是谓云气，意行似天"，是其事也；又云"专气如神，万物备存"。则孟子所称"万物皆备于我"者，上不涉佛道，下不堕邪定，如蠭门之射，造父之御，为人间所应有，彼所谓豪杰之士也。

告子言仁内义外，墨、孟皆非之，斯由封域不同，因为胶葛。墨子所谓仁者，爱也，义者，利也；孟子所谓仁者，恻隐之心，义者，羞恶之心：斯固不容分内外矣。告子所谓仁义，义则宜耳。韩非《解老》曰："仁者谓其中心欣然爱人也。其喜人之有福，而恶人之有祸也。生心之所不能已也，非求其报也，故曰：上仁为之而无以为也。义者谓其宜也，宜而为之，故曰：上义为之而有以为也。"无以为，有以为，正是内外之说。由今观之，典常法度，本无固宜，约定俗成，则谓之宜矣。生斯世为斯民，欲不随其宜而不可。乃有入境问禁，入国问俗，墨子适楚，锦衣吹笙，泰伯奔荆，文身断发，屈建不敢荐芰，翟方进不敢行三年丧，非义外之证乎？义外者，不谓心外有物名义。义亦他心所成，宁在心外，但己心不慊，不得不屈志相从者，故说义外。而此屈志相从，亦心之屈耳，终非心外有物名义也。若执心外有物名义者，此朱元晦、戴东原殊别心理之见。韩、告所说有异于是。告子举楚长为例，犹未极成，故为孟子所屈耳。界说既明，事例亦备，则墨、孟、告之说，各得其是矣。

《子思孟轲五行说》

  《荀子·非十二子》讥子思、孟轲曰："案往旧造说，谓之五行。"杨倞曰："五行，五常，仁义礼智信也。"五常之义旧矣，虽子思始倡之亦无损，荀卿何讥焉？寻子思作《中庸》，其发端曰："天命之谓性。"《注》曰："木神则仁，金神则义，火神则礼，水神则智，土神则信。"《孝经》说略同此。《王制》正义引。是子思之遗说也。沈约曰：《表记》取子思子。今寻《表记》云："今父之亲子也，亲贤而下无能；母之亲子也，贤则亲之，无能则怜之。母亲而不尊，父尊而不亲。水之于民也，亲而不尊；火，尊而不亲。土之于民也，亲而不尊；天，尊而不亲。命之于民也，亲而不尊；鬼，尊而不亲。"此以水、火、土比父母于子，犹董生以五行比臣子事君父。古者鸿范九畴，举五行，傅人事，义未彰著。子思始善傅会，旁有燕、齐怪迁之士，侈搪其说，以为神奇。耀世诬人，自子思始。宜哉荀卿以为讥也。

《儒术真论》

昔韩非《显学》，胪列八儒，而传者独有孟、荀，其他种别，未易寻也。西京贾傅，为荀子再传，而董、刘诸公，已不能以一家名。且弘、汤之法盛行，而儒杂刀笔；参以灾祥鬼神，而儒杂墨术。自东京以来，盖相率如是。《荀子·儒效》云："其言议谈说，已无以异于墨子矣。"然而明不能分别，是俗儒者也。然则七国之季，已有杂糅无师法者，后此何足论？今以《墨子·公孟》篇公孟子、程子与墨子相问难者，记其大略。此足以得儒术之真。其于八儒虽无可专属，要之微言故训，有上通于内圣外王之道，与夫混殽失真者，固大有殊矣。由斯推衍，其证可以卢牟六合，经纬冯生。盖圣道之大，无能出其范者。抑括囊无辩，谓之腐儒。今既摭拾诸子，旁采远西，用相研究，以明微旨，其诸君子亦有乐乎此欤？

惠定宇谓公孟子即公明子，为孔子之徒。近人孙诒让仲容则云："《潜夫论》志《氏姓篇》：卫公族有公孟氏，《左传》定十二年疏谓公孟挚之后，以字为氏，则自有公孟氏，非公明氏也。《说苑·修文》篇有公孟子高见颛孙子莫及曾子，此公孟子疑即子高，盖七十子之弟子也。"以上孙说。余谓子莫告公孟子高之言曰："去尔外厉，与尔内色胜，而心自取之，去三者而可矣。"今公孟子谓墨子曰："君子共已以待，问焉则言，不问焉则止。"又曰："实为善，人孰不知？""今子遍从人而说之，何其劳也？"即本子莫去外厉之意，则公孟子即公孟子高明甚。然即此愈知公孟即公明。《孟子·万章》篇有长息问公明高，即为公孟子高。且孟子言舜之怨慕，而举公明高之言以为证，又言"人少则慕父母"，五十而慕者，独有大舜。今公孟子则曰："三年之丧，学吾之慕父母。"墨子驳之则曰："夫婴儿子之知，独慕父母而已，父母不可得也。然号而不止，此其故何也？即愚之至也。然则儒者之知，岂有以贤于婴儿子哉！"是公孟子之言，与孟子所述慕父母义，若合镮印。则知公孟子、公孟子高、公明高为一人明甚。公孟、公明虽异族，然同声相借，亦有施之姓氏者。今夫司徒、申屠、胜屠，本一语也。而因其字异，遂为三族。荀与孙、虢与郭，本异族也，而因其声同，遂相假借。今公孟、公明，亦犹荀、孙、虢、郭，虽种胄有殊，而文字相贸，亦无不可。然既严事曾子，其不得为孔子之徒明矣，惠说亦未合也。今观其立说，亦醇疵互见，而宣尼微旨，于此可睹。捃摭秘逸，灼然如晦之见明者，凡数大端。呜呼！可不谓卓荦？

公孟子谓子墨子曰："昔者圣王之列也，上圣立为天子，其次立为卿、大夫。今孔子博于《诗》《书》，察于礼乐，详于万物。若使孔子当圣王，则岂不以孔子为天子哉！"

按：玄圣素王，本见《庄子》。今观此义，则知始元终麟，实以自王，而河图不出，文王既丧，其言皆以共主自任，非图谶妄言也。门人为臣，孔子以为行诈。诸侯卿尹之尊，非所以处上圣，进退失据，故斥言其欺。不然，子弓南面，任为天子，见《说苑·修文》篇。尚无所讳，而辞此区区乎？知此者独有梅子真尔。

公孟子曰："无鬼神。"又曰："君子必学祭杞。"子墨子曰："执无鬼而学祭礼，是犹无客而学客礼也，是犹无鱼而为鱼罟也。"子墨子谓程子曰："儒以天为不明，_{旧脱'天'字，毕本据下文增。}以鬼为不神。天鬼不说，此足以丧天下。"

按：仲尼所以凌驾千圣，迈尧舜、轹公旦者，独在以天为不明及无鬼神二事。荀子曰："道者，非天之道，非地之道，人之所以道也，君子之所道也。"《儒效》篇。此儒者穷高极远测深厚之义。若夫天体，余尝谓苍苍之天，非有形质，亦非有大圜之气。盖日与恒星，皆有地

孙诒让

球，其阿屯、以太，上薄无际，其间空气复厚，而人视之苍然，皆众日之余气，固非有天也。王育说，天讪西北为兀，其说稍诞。盖天本无物，故无字从天讪之以指事，因下民所见，不得无所指斥，故强以颠义引申之而曰天。六经言天言帝，有周公以前之书，而仲尼删述，未或革更，若曰道曰自然而已矣。郊祭大报天而主日，万物之生，皆赖日之光热，而非有赖乎天。故假言曰帝，其真即日。或以北极为耀魄宝，北极又大于日九十三倍，故亦尊之。此则恒星万数，上帝亦可云万数。六帝之说，不遍不该，要非虚增，然恒星各帝其地球而已，于此地球何与？明堂宗祀，盖自外至者也。且太微五星，固玄远矣，即至昵之日，虽昭昭大明，而非有恩威生杀之志，因上帝而有福善祸淫之说，其害犹细，其识已愚，因是以及鬼神，则诬妄日出，而人伦殆废。

　　盖太古民俗，无不尊严鬼神，五洲一也。感生帝之说，中国之羲、农，日本之诺、册二神，印度之日朝、月朝，犹太之耶稣，无不相类。以此致无人伦者，中外亦复不异。惟其感生，故有炎黄异德兄弟婚媾之说。盖曰各出一帝，虽为夫妇，不为黩也。尧之厘降，不避近属，实萼于是。其后以为成俗，则夏商以来，六世而通婚姻，皆感生之说撼之矣。周道始隆，百世远别，此公旦所以什伯于尧、舜、汤、武，然依违两可，攻其支流，而未堙其源窟。《生民》之诗，犹曰履敏，则犷俗虽革，而精意未宣，小家珍说，反得以攻其阙。惟仲尼明于庶物，察于人伦，知天为不明，知鬼神为无，遂以此为拔本塞原之义，而万物之情状大著。由是感生帝之说诎，而禽兽行绝矣。此所以冠生民、横大陆也。

　　何以知无鬼神？曰：斫卉木，礫羊羫，未闻其有鬼神，彼人固不得独有也。人所以有知者，分于父母，精虫胚珠是也。二者又摄引各点以为我有，使成官骸，而七情益扩，故成此知识，由于两精相搏，以生神明也。斯如两水相触，即便生浪，水犹精，浪犹神，而两水之所以相触者，亦先有其浪，则父母交感之神也。两味相和，乃生隽永。及精气相离而死，则神亦无存。譬之水既淤堙，浪即无有，两味化分，寻索隽永，了不可得。故精离则死，死则无知，其流定各质，久则合于他物，或入草木，或入胎卵，未有不化者。化之可见者，茅蒐是已。苌弘之血为碧，郑缓之精为秋柏之实，然已与他物合，则其质既杂，自有柏与碧之知，而非弘、缓之知矣，此精气为物也。气弗聚者，散而从于空气，涣然飘泊，此游魂为变也。夫焉有精化既离，而神识能独立者乎？《圆觉经》云："我今此身四大和合，所谓发毛爪齿，皮肉筋骨，髓脑垢色，皆归于地。唾涕脓血，津液涎沫，淡泪精气，大小便利，皆归于水。暖气归火，动转归风。四大各离，今者妄身当在何处？"《宝积经》云：此身生时与其父母四大种性，一类歌罗逻身。"若唯地大，无水界者，譬如有人，握干麨灰，终不和合。若唯水界，无地界者，譬如油水，无有坚实，即便流散。若唯地水，无火界者，譬如夏月，阴处肉团，无日光照，即便烂坏。若唯地水火，无风界者，则不增长。"《庵提遮女子义经》云："若能明知地、水、火、风四缘，毕竟未曾自得，有所和合，以为生义。若知地、水、火、风毕竟不自得，有所散，是为死义。"是佛家亦以各质相磨而生，各质相离而死，而必言即合即离，生死一致，则黄马骊牛之遁辞矣。然死后六道，不尽为鬼，则亦与精气为物之义相近。其终不决言无鬼者，盖既言真者离身而有如来藏，则不得不言妄者离身而有鬼。然又言饿鬼有胎生、化生，则所谓鬼者，亦物魅之类，而与人死者有殊。然则释家盖能识此旨，而故为不了以自圆其说也。

难曰："若以知识为分于父母，则父母安始？追溯无尽，非如来藏而何？"然如来藏者，彼岂能道其有始耶？于如来藏亦言无始，而必责万物以有始，亦惑矣。难曰："知识果分于父母，则瞽瞍舜鲧禹，曷为相反？"曰：夫岂独神识然，形亦然矣。张苍之父，长不满五尺，苍长八尺余，苍子复长八尺，及孙类长六尺余。《汉书·张苍传》。可得云形体非分于父母耶？要之，形之短长，知之顽圣，此高下之分，非相反也。以神识言，又岂独父子然？虽一身亦有善恶是非先后相贸者。颜涿聚，梁父之大盗也，学于孔子；段干木，晋国之大驵也，学于子夏，高何县子石，齐国之暴者也，指于乡曲，学于子墨子；索卢参，东方之巨狡也，学于禽滑黎。并为名士显人，《吕氏春秋·尊师》篇。如是者多矣。或有诹政虑事，一念之间，而筹画顿异，至于疚心自讼者。子夏投杖，汉高销印，斯类亦众，夫岂得谓有两身与两心耶？父母与子，何以异是？原夫二气初凝，非亲莫效，及脂膏既就，即有染习。贾生《胎教》，明著其义。是时材性高下，又由其亲一时之行迹而成，斯则得于其亲者，与初凝又少殊矣。及夫免乳以后，则见闻之习，师友之导，情状万端，趄非殊族，其异于亲也固宜。荀子有言："涂之人可以为禹。"《性恶》篇。此则君师牧民，由斯以作。然具此可以为禹之材，非父母授之乎？大抵形体智识，一成不移，而形之肥瘠，识之优劣，则外感相因，可入镕冶。不移者由于胚珠，可移者由于所染。夫鲁鸡之伏鹄卵，其雏犹鹄；而桑枝之续桃本，则其实非桑。非物之形性，一可变更，一不可变更也。卵中之胚，是鹄非鸡，故鹄不以鸡伏而易。土蠽煦妪桑虫之旧说，虫学家曾辨其误。树本之胚，是桃非桑，故桃能以桑体为己，此胚珠不移之说也。啮蹏在馽，驯良从御，駃騠无牧，泛驾不习，此因染致移之说也。乃若时代逾久，则物之形体，亦有因智识优劣而渐变者。要之，改良则分剂增多，退化则分剂减少。上古之颠木，迹层之枯鱼，皆吾郊宗石室，惟其求明趋化，以有吾侪之今日。昊天罔极，如何可酬？抑亲亲之杀，既具斯形，则知爱类而已。

难曰："人见厉魅，经籍多有。近世民俗，亦有传言。宁得自守单辞，谓鬼神为诬惑？"曰：以佛家言，六道之中，饿鬼居一，一在地下五百由旬，一在人天之间。是则畛域区处，与人隔绝，人未尝有至饿鬼处者，而饿鬼独能至人处乎？且以阿修罗之强悍，诸天之智力，不至人处，而饿鬼以羸劣之质，独能至人处乎？是岂得以所见证其必有也？然则见者云何？曰：耳目有愆，齐襄之见彭生是也；心惑若寐，狐突之遇共君是也。二者皆一时假相，非有真形。乃其真者，则亦有之。太史公曰："学者多言无鬼神，然言有物。"《留侯世家》。此最为谿然塙斯者。山精物魅，如龙夔蝄蜽者，固未尝无也，以其体不恒见，诡出都市，而人遂以鬼神目之，斯亦惑之甚矣。太古顽民，见鑢惊鬼，有熊蚩尤，惑乱不异，见彼焭蒿，遂崇巫祝。清庙之守，后为墨家，敬天尊鬼，遂与儒术相訾。夫岂非先圣哲王之法，而以难儒术，则犹以金椎攻太山矣。无鬼而祭者，亦知其未尝食，而因是以致思慕。至胙肉必餍饫之者，亦以形体神识，分于二人，己在则亲之神识所分犹在吾体，故食胙无异亲之食之也。然则祭为其名，而胙致其实，何无客学礼、无鱼作罟之可比乎？若夫天神地祇，则因是而准则之，苟有圣王，且当厘汰焉。呜呼！如太史公言，则秦汉间儒者，犹知无鬼神义。然武、昭以后，儒者说经，已勿能守，独王仲任有《论死》篇。晋人无鬼神论，而儒者又群哗焉。然则荀子谓言议谈说，无以异于墨子者，汉后诸儒，顾不然欤？

公孟子谓子墨子曰："有义不义，无祥不祥。"公孟子曰："贫富寿夭，齰然在天，不可损益。"子墨子曰："儒以命为有贫富、寿夭、治乱、安危有极矣，不可损益也。"

按：墨子背周而从夏，《鸿范》五行之说，以义不义，推祥不祥。禹陈九畴，而墨子畅之，皆天鬼之说所流行也。惟墨子于五行，信其德而不信其方位。阴阳家之言，则所必绝，故其答者曰："帝以申乙杀青龙于东方，以丙丁杀赤龙于南方，以庚辛杀白龙于西方，以壬癸杀黑龙于北方。若用子之言，则是禁天下之行者也。"《鸿范》之言，则因五行以施五德，而顺之者吉，逆之者凶，故墨子独所尊信。

汉初伏生，可谓大儒，然《五行传》犹拘牵天道。西京尊尚此学，实墨者之余烬也。荀子曰："夫日月之有蚀，风雨之不时，怪星之党见，是无世而不常有之。上明而政平，则是虽并世起，无伤也；

伏生授经图

上暗而政险，则是虽无一至者，无益也。"《天论》篇。是则于五行感应之说，儒者已显斥之。而仲尼删《书》犹登《鸿范》者，明夷六五，赵宾以为阴阳气亡箕子。箕子者，万物方荄兹也。盖《易》与箕子，若为两途。《象传》于明夷，一曰文王以之，一曰箕子以之，独以二人并称。缘伏羲以河图为《周易》，而文王衍其词；禹以洛书为《洪范》，而箕子圈其义。文王之说，当行于域中；而箕子之说，可被于营州玄菟之境，与中国之教殊矣。录之者见施政要服，有与京周异术者也。若夫督宗之教，于五福六极，固非所信焉尔。

虽然，禹与箕子之陈《鸿范》，亦草创之初得其犗义耳！其精者则固异于祸福感应之说，而知各质散点相吸相离之自然。此其说在《庄子·天运》。其言曰："天其运乎？地其处乎？日月其争于所乎？孰主张是？孰维纲是？孰居无事推而行是？意者其有机缄而不得已耶？意者其运转而不能自止耶？云者为雨乎？雨者为云乎？孰隆施是？孰居无事淫乐而劝是？风起北方，一西一东，有上彷徨，孰嘘吸是？孰居无事而披拂是？敢问何故？巫咸祒曰：来！吾语女，天有六极五常，帝顺之则治，逆之则凶。九洛之事，治成德备，监照下土，天下载之，此谓上皇。"以上《庄子》。

九洛即《洛书》九畴；六极五常，即六极五福。而其事由于帝王之自取，非由上皇为主宰，亦无渗肯符瑞以为劝戒，其成败治乱，应其行政而致。若天运地处，竟无主张维纲也，此则非墨子所知矣。

命之为说，公孟祇言贫富寿夭，而墨子复增以治乱安危，益诬儒者矣。治乱安危，惟人所措。至于贫富寿夭，则固有说。如伯夷之夭，原思之贫，此自志愿，又不可言命也。若夫单豹之遇虎，则夭有命矣；邓通之寄死，则贫有命矣。所谓命者，词穷语绝，不得已之借名，其所自出，则佛氏亦以为因果，是又以祸福感应与定命合而为一，其论巧矣。然师子尊者受挥刀断首之祸，而佛亦罹木枪马麦之患，虽至成道，尚不能免难，是则其所谓因果者，乃恩怨之报酬，而非善恶之赏罚矣。余谓报酬之义，异于《鸿范》。盖非自主宰，而在私相予夺，此固理之必然者。悬土囊而击之，则土囊亦反触人，物莫不有跃力，况有知者乎？《吕览·诬徒》云："草木鸡狗牛马，不可谯诟遇之。谯诟遇之，则亦谯诟报人。"然则命固有偶遇者，而亦有由于报酬者，然非如佛家所谓前生事也。自吾始祖以往，鱼鸟兽猿之祖，不知其更数百世，吾岂能知其恩怨所在哉？德几无小，灭宗无大，九世之仇，百年之德，至于今而始报之子孙，即报者亦不知其所以，益先人之神识伏藏体中也。是故《易》说余庆、余殃，必以家言，明其报复在种胄也。几言命者，斯亦一端。至夫禄命推验，则非可凭矣。全谢山《原命》引宋景濂谓："一日之内，同时生者不少，而显晦吉凶寿夭悬绝，故赵普与军校，蔡京与粉儿，高叔嗣与陈友谅皆同命。童轩亦言高谷与李昂，单昂与王稽，皆同甲子而绝不相似。"余中之衍《皇极经世》之说，推其渊源于王天悦，谓某甲之年月，必得某乙之日时而后富寿，苟得某乙之日时而遂贫贱。水陆舟车之所产，东西南北之所居，莫不有合，此其所以有同物而不同运者。余谓同物相应，多在细微，而非禄命家所能推。以余所见，鸿胪卿朱克勤与大学士李鸿章，生同物，而朱夭李寿，显晦亦殊，然其女则先后适张佩纶、吴伟才与左宗棠。生同物，后左为大帅，屠寇数万，吴为屠者，刳豕数万。然则择瞀，多杀则同矣，而升沈荣辱之事，长短久近之期，则截然各异。以此知支干甲子所应非诬，而毫毛冥合，无关大体，是岂禄命家所能知乎？故古之言知命者，谓知其不可如何，而非谓其机祥算数也。要之，一人际遇，非能自主，合群图事，则成败视其所措。故一人有命，而国家无命。荀子曰："人之命在天，国之命在礼。君人者隆礼尊贤而王，重法爱民而霸，好利多诈而危，权谋倾覆幽险而尽亡矣。"《天论》篇。此以见一人之命有定限，而一国之命无定限也。又曰："从天而颂之，孰与制天命而用之。"是则以天为不足称颂，而国命可自己制，其何有天哉？曰天者自然而已，曰命者遭遇而已，从俗之言，则曰天命。夫岂以苍苍者布令于下哉？嗟乎！愚者之颂天，宋偃之射天，上官安之骂天，其敬慢不同，而其以天为有知，或则哀吁，或则怨望，其愚一也。汉世之儒，勿信祸福感应而独言命者，惟王仲任耳！然执泥小数，至谓项羽用兵，实过高祖，其兴亡亦由天命。若国之安危，亦不能不出于此者，是亦固矣。若夫大儒之说，天无威庆而人有报施，一人则成亏前定，而合群则得丧在我，斯所以异于荫骘下民之说也。

右三事，儒术所以深根宁极，无出其范者。神怪之教，婴之自溃，昧此而言儒，汉后所以无统纪也。《非儒》有抵诬孔子语，则所举儒说，亦必不可尽信。其驳昏丧诸礼，又皆小节，故勿论。

《老子政治思想概论序》

　　老子以内圣外王之道自持，得其政治之术者，莫若韩非。其后微言渐绝，其绪余犹足以为天下，汉孝文皇帝所行是也。次及王辅嗣辈，始以玄言号召天下，晋治以衰。盖老子尚朴，而玄言之徒贵华，其根株不同，故其藏于心术以发于事业者，其治乱不同亦如此。

　　余三四十岁时，紬《解老》《喻老》之文，稍得指要，其论议散在诸篇。今年夏浚县孙至诚思昉来及吾门，以所著《老子政治思想概论》求正。思昉固当读吾书者，故议论亦颇相似，与苏文定、吴文正异流，要之于老子亦得其一端者也。

　　余当谓老子如大医，遍列方齐，寒热攻守杂陈而不相害，用之者则因其材性，与其时之所宜，终不能尽取也。其言有甚近民治者，又有倾于君主独裁者，观韩非《扬权》篇，义亦如是。是所谓遍列方齐，任人用之者也。汉世传其术者甚众，陈平得之为阴谋，盖公得之为清静，汲黯得之为卓行，司马迁父子得之为直笔，数子者材性不同，而各以成其用。与夫墨氏之徒，沾沾守一隅之术者异矣。夫民治之与独裁，其道相反，独孝文能兼用之。处承平之世，独裁如商君、武侯，民治如今远西诸国可也。若夫奸人成朋，贵族陵逼，上以侵其主，下以贼其民庶，非有老子、韩非之术者，固无以应之。盖孝文为能得其一二，后之晓此者寡矣。今国家之乱，甚于春秋、七国之间，

思昉诚有意为国，于此得无深思之乎？余耄矣，无以佐百姓，愿来者
之能任是也。

中华民国二十年九月，章炳麟序

《孟子大事考》

一，孟子之书。《史记》列传：孟子与万章之徒序诗书，述仲尼之意，作《孟子七篇》。赵邠卿《题辞》：孟子退自齐梁，述尧舜之道而著作焉，此大贤拟圣而作也。此皆以其书为孟子亲作。今案《孟子》书中，称其弟子曰乐正子、公都子、屋庐子。徐辟、陈臻、万章亦或称徐子、陈子、万子。师徒相称，文宜从质，不应称子以尊之，知其书非孟子亲作矣。又其序述颇与史事不符。一如梁惠王生时实未称王。《六国表》，魏襄王元年，与诸侯会徐州以相王。齐宣王九年，与魏会徐州，诸侯相王。《田完世家》亦同，《魏世家》并述襄王元年追尊父惠王为王，此事之明白无疑者。其余如《吕氏春秋·爱类》篇说，匡章谓惠子曰：公之学去尊，今又王齐王，何其到也？详惠施为梁惠王、襄王相，而云王齐王者，由襄王时齐以王号尊魏，魏亦以王号尊齐，故以王齐王事责之魏相，此亦齐魏相王一旁证。惠王既未称王，而《孟子》书述其与惠王问答，称之曰王者凡十。若书为孟子自作，不当函胡至是。二如齐取燕事，《六国表》在愍王十年。燕人立公子平，在愍王十二年。若宣王时，非徒未有其事，且燕王哙亦尚未立也。而《孟子·梁惠王》篇直系齐人取燕于宣王时。事之先后，孟子何由遽忘之？即万章辈亲炙孟子，侍居于齐最久，亦不应错乱至是。恐其书并非万章辈作，乃孟子再传弟子为之。后人迁就其文，竟谓《史记》有误，夫岂其然？案《六国表》及《魏世家》，孟子至梁，在惠王三十五年，时周显王三十三年也。而惠王已称孟子曰叟，计孟子当时必已及五十矣。自尔下至赧王十九年，而鲁平公卒，相去凡四十年。《孟子》书中己称平公之谥，计时孟子当已九十。孟子生卒，虽旧无明文，然于平公得书其谥，盖亦后人为之也。元人所传孟子生卒年月，臆造不足据。

二，孟子之世系。赵邠卿《题辞》云：或曰孟子鲁公族孟孙之后。故孟子仕于齐，丧母而归葬于鲁也。三桓子孙既已衰微，分适他国。案据孟子归葬事，则孟子本鲁人不疑。《元和姓纂》孟氏下云，鲁桓公子庆父之后，号曰孟孙，因以为氏。孟敬子生滕伯，伯生廖，廖生轲，居高密。此述孟子世系，最为翔实。惟云居高密，与太史称孟轲邹人者有殊，盖传闻异辞然也。三桓之微，不知在何世。据孟子言鲁穆公之时，公仪子为政，则政已不在季氏。而《孟子》有费惠公师子思语；楚人以弋说顷襄王亦云：邹、费、郯、邳者，罗鷃也。费本鲁季氏邑，是时已列为小国，故昔人疑季氏之后离鲁自树为诸侯。费惠公师子思，则其事当在鲁元公、穆公间，是以鲁政归之公仪。若孟氏则疑于穆公时已渐降替，详《田完世家》，田太公相齐宣公，宣公四十八年，取鲁之郕。《六国表》亦同。郕为鲁孟氏邑，为齐所取，则孟氏自替矣。其年正当鲁元公二十一年，明年即穆公元年也。孟氏既替，与散秩大夫无异，故滕伯与廖皆无谥。后人不能知孟子父名，晚出孟氏谱称名激字公宜，出于臆造。明嘉靖时以颜无繇、曾点、孔鲤、孟孙氏配享启圣，独孟孙氏不著其名，非征诸《姓纂》，何由知有孟廖者乎？

又案《记·檀弓》云："县子琐曰：'吾闻之，古者不降，上下各以其亲。'滕伯文为孟虎齐衰，其叔父也。为孟皮齐衰，其叔父也。"寻县子为鲁穆公时人，所称滕伯文者，郑以其言古者，故谓为殷时滕

孟庙、孟府

君。而《疏》谓孟虎是滕伯文之叔父，滕伯文是孟皮之叔父。夫殷时有滕国否，事在难征。且当周之衰，又安能于殷代故事委悉如此哉？若即周时滕子，又当有谥，不应直举其名。今疑滕伯文即《姓纂》所云滕伯。据《丧服》，大夫为世父叔父昆弟之子为士者大功。《传》曰："何以大功也？尊不同也。"然则孟虎为滕伯之叔父，孟皮为滕伯昆弟之子，爵皆为士，滕伯当降服大功，而皆以齐衰服之，是依古不降也。盖滕伯因县子之言，遂依以制服，记礼者因而述之，非县子口语有此也。孟虎孟皮，正是孟氏，而虎与皮为其名。

三，孟子所与游者。孟子在齐稷下，与淳于髡、慎到、田骈、环渊、接子并处，自髡而外，不见有往复论难语。盖诸子皆黄老名法之徒，而髡尝撰《王度记》，为明于礼乐者。于彼则外之，于此则内之，宜也。其不在稷下者，宋钘独为孟子所敬，庄子虽以钘与尹文并称，而《七略》录之入小说家，且以禁攻寝兵为外，情欲寡浅为内，与儒术初无抵触，故独被尊敬焉。外此则告子数与孟子论性，孟子言告子先我不动心，是必相知甚久者。邠卿谓告子兼治儒墨之道，尝学于孟子，而不能纯彻性命之理。寻告子先孟子不动心，则非学于孟子可知。其云兼治儒墨者，以《墨子·公孟》篇尝举告子尔。详墨子与楚惠王、鲁阳文子同时，而告子与之游处，必不得下至孟子时，是必别一告子，非孟子所称者也。告子论性与孟子不同，此犹前有漆雕子、世子，后有荀子，论性皆异孟子，未足为怪。然则告子亦儒家别子，故孟子与之苦相往复。后人以邠卿"兼治儒墨"之文，竟视告子为异学，其亦妄矣。

四，孟子之遗学。孟子学承子思，人所共憭。若其于六艺之学，独短于礼。而小学则其所特长也，如云彻者彻也，助者藉也，庠者养也，校者教也，序者射也，畜君者好君也，洚水者洪水也，皆以一字为训，声音小异，义已炳然。此非精于训故者不能为。《七发》又云：孟子持筹而算之，万不失一。则孟子又特长九数之学。今七篇中唯圭田五十亩一条与九章方田术合，亦算术之浅者，其深者不可得闻矣。若《荀子·非十二子》篇言子思倡说五行，孟轲和之。今七篇中绝无其语，岂皆在《外书》四篇中欤？

五，孟子之后学者。《题辞》言秦焚灭经术，坑戮儒生，孟子徒党尽矣。案孟子高材卓荦，间世而生，其徒诚莫能仰企。至其《诗》《书》之说，非不可量材传授。《书》至汉初，止存二十九篇，则孟子之说亦泯焉。《诗》则孟仲子传之以至毛公，《周颂·维天之命》传引孟仲子曰："大哉天命之无极，而美周之礼也。"《鲁颂·閟宫》传引孟仲子曰："是祢宫也。"又《小雅·小弁》传全引孟子驳高子语，是《毛诗》固远承《孟子》之学。《韩诗外传》亦引《孟子》十余条，则《韩诗》亦与《孟子》有瓜葛者。其在汉初，徒党固未尽也。

与吴承仕书

检斋足下：

两得手书，推崇过当。仆辈生于今世，独欲任持国学，比于守府而已，固不敢高自贤圣，以哗世取名也。扬榷清代儒先所为伥伥不舍者，志亦若是而已。其间或有污隆，转忘其本。然而媚于一人，建计以张羯胡之焰者，始终未有闻焉。论者诋以贞瓴寡用，要其持身如此。比于魏裔介、李光地之伦，稗贩程朱，以自摧汉族者，可不谓贤欤？铨次诸儒学术所原，不过惠、戴二宗。惠氏温故，故其徒敦守旧贯，多不仕进。戴氏知新，而隐有所痛于时政，则《孟子字义疏证》所为作也。源远流分，析为数师，后生不能得其统纪，或以为春集旧事而已。或徒以为攻击宋儒，陋今荣古，以为名高，则未知建夷入主，几三百年，而四维未终于解斁，国性不即于陵夷者，果谁之力也？今之诡言致用者，又魏裔介、李光地之次也。其贪鄙无耻，大言鲜验，且欲残摧国故，以自解顺民降俘之诮者，则魏、李所不为也。及今而思所以振之，视诸先正从容讲授之世，固已难矣。仆所为夙夜孜孜，以求维持于不敝者，复不能尽与前修同术。何者？繁言碎义，非欲速者所能受也；蹈常袭故，非辩智者所能满也。一于周孔，而旁弃老庄释迦深美之言，则蔽而不通也。专贵汉师，而剽剥魏晋，深憙洛闽者，则今之所务有异于向时也。大氐六蓺诸子，当别其流，毋相纷糅，以侵官局。朴学稽之于古，而玄理验之于心。事虽繁啧，必寻

吴承仕

其原，然后有会归也。理虽幽眇，必征诸实，然后无遁辞也。以是为则，或上无戾于古先民，而下可以解末世之狂醒乎？来书谓近治《说文》，桂氏征引极博，而尟发明，此可谓知言者。王氏颇能分析，盍亦滞于形体。惟段氏为能知音，其卤莽专断，诚不能无诟訾议。要之，文字者，语言之符，苟沾沾正点画、辨偏旁而已，此则《五经文字》《九经字样》已优为之，终使文字之用与语言介然有隔，亦何贵于小学哉！段氏独能平秩声音，抽引端绪，故虽多疵点而可宝耳。来书称歆音多合唐韵，此有由也。五胡乱而古音亡，金元扰而唐韵歇。然其绪余，犹在大江以南，且乡曲之音，多正于城市；山居之音，多正于水滨。以其十口相传，不受外化故也。昔朱元晦独谓广州音正，近世陈兰甫复申明之。以今所闻，二公之言，诚不虚也。所以不受流变者，亦由横隔五领，胡虏之音无由递传至此耳。仆向时作《新方言》，盖欲尽取域内异言，稽其正变，所得裁八百余事，未能周悉。今以一册奉上。书不尽意，它日来过，当一二引伸之。

章炳麟白

十月十四日（一九一一年）

图书在版编目(CIP)数据

章太炎讲诸子/孟琢编.—上海:上海人民出版
社,2022
(章太炎讲述系列)
ISBN 978 - 7 - 208 - 17909 - 7

Ⅰ.①章… Ⅱ.①孟… Ⅲ.①先秦哲学-研究 Ⅳ.
①B220.5

中国版本图书馆 CIP 数据核字(2022)第 165350 号

责任编辑 邵 冲
封面设计 赤 徉

本书为国家社科基金冷门绝学研究专项学术团队项目"中国训
诂学的理论总结与现代转型(20VJXT015)"阶段性成果

章太炎讲述系列
章太炎讲诸子
孟 琢 编

出　　版　上海人民出版社
　　　　　(201101　上海市闵行区号景路 159 弄 C 座)
发　　行　上海人民出版社发行中心
印　　刷　浙江新华数码印务有限公司
开　　本　850×1168　1/32
印　　张　5.75
插　　页　3
字　　数　130,000
版　　次　2022 年 12 月第 1 版
印　　次　2022 年 12 月第 1 次印刷
ISBN 978 - 7 - 208 - 17909 - 7/K · 3238
定　　价　48.00 元